教育部人文社科研究规划基金（13YJA720009）资助
全国高校优秀中青年思想政治理论课教师择优资助计划（15JDSZK004）资助
北京高校思想政治理论课特级教师计划资助
北方工业大学长城学者后备人选培养计划资助

大学生思想道德教育的理论与实践

李志强 著

河北大学出版社

图书在版编目（CIP）数据

大学生思想道德教育的理论与实践 / 李志强著 . -- 保定 : 河北大学出版社 , 2016.11

ISBN 978-7-5666-1060-7

Ⅰ . ①大… Ⅱ . ①李… Ⅲ . ①大学生－思想政治教育－研究－中国 Ⅳ . ① G641

中国版本图书馆 CIP 数据核字 (2016) 第 242458 号

责任编辑：杨显硕
封面设计：张彦琪
责任印制：靳云飞

出版：河北大学出版社（保定市五四东路 180 号）
经销：全国新华书店
印制：保定市北方胶印有限公司
开本：1/16（148mm×210mm）
字数：175 千字
印张：6.875
版次：2016 年 11 月第 1 版
印次：2016 年 11 月第 1 次印刷
书号：ISBN 978-7-5666-1060-7
定价：20.00 元

目 录

上 篇

下 篇

上　篇

对于大学生思想道德教育理论的探讨构成了大学生思想道德教育发展的基础。

对于大学生思想道德教育过程的研究，是直接关系到如何全面地揭示大学生思想道德教育的本质特征，如何科学地确立大学生思想道德教育的基本原则，如何宏观地把握大学生思想道德教育的战略全局以及如何有效地实施大学生思想道德教育的具体活动等大学生思想道德教育领域的重要理论问题。大学生思想道德教育过程的理论所涉及的内容非常广泛，从大学生思想道德教育过程的特点、大学生思想道德教育过程中的矛盾以及大学生思想道德教育过程中的规律等三个层面可以较为全面地考察大学生思想道德教育的全过程。

大学生思想道德教育的内容是随着时代的发展而不断调整和更新的。当前的大学生思想道德教育在保持传统内容的同时，还要根据时代发展的要求增加新的内容。大学生思想道德教育要深入贯彻落实“中华民族伟大复兴中国梦”这一共同理想，也要运用中华优秀传统文化培育和践行社会主义核心价值观，并把公民道德和利他精神作为大学生思想道德素质养成的重要主题。

通过教育使大学生树立正确的人生观是大学生思想道德教育

的重要目标,因而大学生思想道德教育中的人生观问题也就成为非常有必要探讨的理论问题。大学生思想道德教育中的人生观问题,大体上就是指如何通过教育帮助大学生树立科学的人生理想,选择正确的人生道路以及实现更大的人生价值的问题。

第一章 大学生思想道德教育的过程

对于大学生思想道德教育过程的研究，是直接关系到如何全面地揭示大学生思想道德教育的本质特征，如何科学地确立大学生思想道德教育的基本原则，如何宏观地把握大学生思想道德教育的战略全局以及如何有效地实施大学生思想道德教育的具体活动等大学生思想道德教育领域中的重要的理论问题。大学生思想道德教育过程的理论所涉及的内容非常广泛，本章则是从大学生思想道德教育过程的特点、大学生思想道德教育过程中的矛盾以及大学生思想道德教育过程中的规律等三个层面展开论证的。

第一节 大学生思想道德教育过程的特点

对大学生思想道德教育（以下简称思想道德教育）过程进行科学的界定并探究其特点有助于充分地揭示思想道德教育过程的矛盾和规律，可为丰富和完善思想道德教育的过程理论乃至思想道德教育学的理论体系奠定基础。

一、大学生思想道德教育的过程

思想道德教育过程就是教育者（一定的个人、群体或组织）在教育环境之中通过教育介体(一定的教育内容和教育形式)把思想道德教育的客观要求(一定的思想观念、政治原则、价值标准和行为规范)转化为大学生思想道德素质的过程。

对于思想道德教育过程的界定就是对于具体的思想道德教育活动及其运行过程之特征、矛盾和规律所进行的理论概括。思想道德教育过程有广义和狭义之分。广义的思想道德教育过程是指思想道德教育中所有要素、所有阶段和所有环节都被逐一展开的过程,这个过程一般开始于确立教育目标、制定教育计划,然后是展开积极的互动、促成顺利的转化,最后是反馈教育效果和提升教育实效。狭义的思想道德教育过程则是教育者展开针对大学生的具体教育活动的过程,整个过程也是大学生思想道德素质提高的过程,还是教育者和大学生直接面对并推进教育活动的过程,教育者和大学生出现在狭义思想道德教育过程的始终。

广义和狭义的思想道德教育过程既有区别又有联系。在广义的思想道德教育过程中,确立教育目标和制定教育计划,以及反馈教育效果和提升教育实效等环节,自然也需都要大学生的参与,但是大学生直接参与其中并不是必然和必须的,或者说,在这两个环节之中,大学生一般上都是间接地参与其中的。而在狭义的思想道德教育过程中,则不仅需要教育者和大学生双方共同的直接参与,并且教育者和大学生的彼此互动构成整个思想道德教育过程中最有实质意义的环节。在这个层面上,狭义的思想道德教育过程也可称作思想道德教育的核心过程。狭义思想道德教育过程中教育者的施教以及大学生的受教过程,即教育者和大学生直接互动进而促进大学生思想道德素质形成,是整个思想道德教育过程最为关键的环节。在这个过程中,教育者和大学生同时在场,从教育者作为主体实施教育,到大学生作为客体接受教育,再到大学生转为主体,发挥自身的积极性和创造性,形成思想道德素质的过程,集中体现着思想道德教育过程的本质特征、其中存在的矛盾以及所要循序的规律。

思想道德教育过程包含着四个要素,即教育者、大学生、教育环境和教育介体;也包含着四个阶段,即强化思想政治认知、丰富思想政治情感、磨炼思想政治意志和养成思想政治行为;还包含着三个环节,即准备环节、实施环节和反馈环节。在思想道德教育过程中,有四个关键点:其一,客观的思想政治要求,即一定的思想观念、政治原则、价值标准和行为规范是思想道德教育过程的依据;其二,大学生思想道德素质形成和发展所展现的规律是这个过程始终要遵循的;其三,针对大学生所开展的思想道德教育活动是一个确立目标并制定计划、展开互动并促进转化、反馈效果并提升实效的动态活动;其四,思想道德教育过程最典型的阶段就是教育者和大学生展开互动并促进大学生自身思想道德素质提升的过程。

二、大学生思想道德教育过程的特点

思想道德教育过程的特点是思想道德教育过程概念的具体展开。它体现着思想道德教育过程与其他形式的教育过程相区别的本质特征。这些特征体现在教育者与大学生互动之中前者给予后者的正向引导、教育实践过程中大学生的社会化、大学生思想道德素质形成的阶段性和长期性的统一,以及思想道德教育过程在处理复杂教育因素上的有序性等方面。

(一)引导性和互动性

思想道德教育过程是教育者引导大学生实现自身思想道德素质提高的过程。这里的“引导”体现在教育者选择积极的教育内容,并以最有效的教育方式进行正向的指引和教导。思想道德教育要促进社会的进步和个体的发展,其展开过程中的教育内容和教育方式必然是有利于社会进步和个体发展的。思想道德教育的过程要以马克思主义理论、共产主义理想和集体主义价值观作为内容,通过灵活生动且有针对性的途径和方法,把大学生培养成为有理想、有道德、有文化、有纪律的公民，这些教育内容和形式都集中地体现着我国思想道德教育的正向引导。

思想道德教育过程的引导性是在教育主客体之间的互动过程中实现的，或者说，思想道德教育的引导体现在教育者的主导性与大学生的主体性的辩证统一之上，而这种辩证统一又是在二者进行互动之中实现的。一方面，教育者是一定思想道德教育要求的传递者，也是思想道德教育活动的组织者，还是大学生能动性的激发者，因而在思想道德教育过程中发挥着主导作用；另一方面，大学生在教育过程中也不能被动地接受教育影响，而要发挥自身的主动性积极性和创造性，以使自身得到更快的发展。只有在教育者和大学生双向互动的过程中，思想道德教育的引导作用才能有效地实现。

（二）社会性和实践性

作为社会大系统中一项社会活动的思想道德教育，天然地具有一般社会活动所具有的特征。思想道德教育的社会性特点根源于思想道德教育与社会之间存在的内在关联性。思想道德教育过程在本质上就是引导大学生实现社会化的过程。这个社会化的过程就是大学生学习并践行社会所要求的思想观念、政治原则、价值标准和行为规范的过程。在这样的社会化过程中，教育者引导大学生所学习并掌握的观念、原则、标准和规范，并不是任意的，而是社会上的主流价值，即一个社会的核心价值观。

思想道德教育过程的社会性自始至终都是在教育实践之中实现的。思想道德教育的客观要求在教育实践的发展中被提出，并在教育实践中被大学生贯彻和落实。在思想道德教育过程中，大学生的思想政治认知需要教育实践加以明确，思想政治情感需要教育实践加以陶冶，思想政治意志需要教育实践加以锤炼，思想政治行为需要教育实践加以养成。可以说，大学生所有与思想道德素质形成有关的要素均是在教育实践活动中得以形成和发展的。

只有在动态的、开放的、丰富的教育实践中，思想道德教育过程才能有效地完成。

（三）阶段性和长期性

思想道德教育过程的阶段性是针对思想道德教育的过程的若干阶段和若干环节而言的。其一，思想道德教育过程中准备环节、实施环节和反馈环节等各个环节的推进都有不断展开的问题，而不是暂时性的；其二，大学生思想道德素质的形成和完善也是有阶段的，而不是一蹴而就的。因此，思想道德教育过程中，教育者要根据大学生的具体情况，因人、因时、因势地确定教育的开端，有的放矢地使大学生在认知、情感、意志和行为（以下简称“知”“情”“意”“行”）等方面得到相应的发展。“知”“情”“意”“行”诸要素在大学生思想道德素质形成过程中是逐步推进的，并同时发挥着作用，如果孤立地从某一阶段进行教育，则很难推动大学生自身思想道德素质发展的矛盾运动。同理，思想道德教育三个环节的展开也是逐步推进的，具有阶段性的特征。综上，实施思想道德教育活动，可以以某一阶段或某一环节作为开端，也可以有所侧重，但不能忽视或放弃其他阶段和环节，要尽可能地使“知”“情”“意”“行”等各个阶段以及准备、实施、反馈等各个环节同时发挥作用。

人的思想和行为是发展变化的，因而思想道德教育过程也是一个循环往复的过程，既定阶段或环节的完结，就是新阶段或环节的开始。人的思想和行为不仅是发展变化的，还会受到各种因素的多重影响，因而教育也很难立竿见影。也就是说，人的思想道德素质中各个要素要得到全面地提升，并不是一次教育就能奏效的，往往需要进行长期的教育；思想道德教育过程中各个环节的展开也不是一劳永逸的，也就是说，教育的过程不只是三个环节的一次展开，而是多次循环的结果。但是要注意的是，长期的循环的教育并不是内容的简单重复，而是根据大学生思想政治意识和行为的变化，不断地调整教育内容，使大学生长期地接受启发、感染、陶冶和磨炼。

(四)复杂性和计划性

思想道德教育过程中的主要任务是要解决大学生思想道德素质现状与思想道德教育所提出的客观要求之间的矛盾,并在克服这对矛盾的过程中,促使大学生思想观念的转变以及行为习惯的养成,有时甚至还涉及对个体利益的调整。因此,相对于智育、体育和美育,思想道德教育在影响因素、影响过程、影响结果等方面都具有复杂性。在影响因素上,就教育者来说,多方面的教育者均参与到教育过程中,他们所实施的影响在性质、方向和层次等方面既有可能一致,也有可能不一致,甚至还会互相抵触,因而需要协调整合;就大学生来说,教育过程要考虑到其在兴趣、爱好和习惯等方面的不同特点,相应的教育过程因此也就具有多样性和层次性。在影响效果上,思想道德教育活动的效果有时是直接的,有时是间接的,有时是即显的,有时则是潜在的……上述情形都反映了思想道德教育过程的复杂性。

思想道德教育过程的复杂性,也要求它能够被有计划地组织实施,以使自身得以顺利地完成。思想道德教育过程的计划性集中体现在三个方面:第一,思想道德教育过程总是围绕一定的教育目的,制定出一定的教育方案,并依据教育方案的设计而开展相应的活动;第二,思想道德教育过程需要对能力不同、水平有差异的大学生进行有效的指引和教导,否则就很难见成效;第三,思想道德教育过程要根据大学生在“知”“情”“意”“行”等方面的不同情况采取有针对性的教育活动,以最终实现大学生思想道德素质的全面提升。能否在复杂多变的进程中,及时调整和控制整个教育过程,是思想道德教育科学性和有效性的重要指标之一。

第二节　大学生思想道德教育过程中的矛盾

如何解决思想道德教育过程中的矛盾是大学生思想道德教育过程所要面对的基本问题。思想道德教育过程的推进在很大程度上就是解决其中所存在的矛盾。在这个意义上，思想道德教育的过程不是一蹴而就的，而是面对各种矛盾的生成、发展、转化和解决等一系列环节的漫长过程。

一、教育者思想行为状况与思想道德教育的客观要求之间的矛盾

在思想道德教育过程中，思想道德教育提出的客观要求一般都是通过教育者传达给大学生的。教育者能否正确地理解和把握思想道德教育提出的客观要求，对于思想道德教育的整个过程具有根本性的意义。从理论上来看，教育者都能正确地理解和把握思想道德教育的客观要求，但事实上，教育要求是客观的，而教育者的思想行为状况却是变化的，这就造成二者之间可能存在的矛盾。这种矛盾主要体现在：第一，教育者由于自身认知能力与理论水平的局限等因素而不能全面完整地理解和把握思想道德教育的客观要求，甚至会片面地理解乃至曲解这种要求。第二，教育者由于自身思想觉悟上的差距，并不能完全认同教育要求，个别的教育者甚至仅仅出于职业习惯而例行公事式地开展教育活动。

要解决如上矛盾，首先，要求教育者提升自己的认知能力和理论水平。教育者要通过学习具备扎实的基础知识、宽广的文化知识，以及深厚的专业知识，并且还要在教育要求发展变化的时候与时俱进地跟上发展变化，只有这样，才能准确理解思想道德教育要求。大学生的自我意识以及个性特征不断增强的情况，也对教育者提出创新素质上的要求，教育者还要在教育过程中打破常规，摸索新路子，寻求新经验，培养创造性思维和开拓创新能力，以适应

大学生的思想特征和行为特点。其次,要求教育者还要注重自身思想觉悟的提升。教育者要在实践中增强对思想道德教育的坚定信念,并把它作为自己奋斗终生的事业。提高思想觉悟,最根本的要求就是教育者要认识到思想道德教育的使命。具体地说,教育者要认识到思想道德教育过程中的教育者不同于其他教育过程中的教育者之处在于,思想道德教育的教育者不仅要完成教育任务,还要通过自身对于理论的践行,展现出人格魅力和理论魅力,进而去影响大学生。如果说很多专业课老师把专业课的原理讲清楚,就算是合格的专业课老师的话,那么思想道德教育的教育者不仅要把这些道理讲清楚,更要去践行这些道理,这样才会让大学生真听,真信,真用。认识并践行思想道德教育的使命是提高教育者思想觉悟的根本前提。

二、大学生思想行为状况与思想道德教育的客观要求之间的矛盾

在实际的教育过程中,大学生的思想及行为很难完全符合教育所提出的客观要求,彼此之间总会有一定的距离,这就造成思想道德教育的客观要求与大学生思想行为状况之间的矛盾。同时,对于大多数大学生来讲,其思想行为与思想道德教育所提出的客观要求之间总是基本一致而又不完全一致,这就决定了这对矛盾不仅是普遍存在的,而且是长期存在的。第一,思想道德教育的客观要求与大学生发展需求之间的矛盾。大学生发展需求的差异性使得统一的思想道德教育的客观要求很难与其完全吻合。思想道德教育要为人的全面发展服务,而人的全面发展强调个性的正当发展,如果思想道德教育的要求忽视具有个体差异的正当发展需求,只强调整齐划一,势必引起大学生正当发展需求与教育客观要求之间的冲突。第二,思想道德教育的客观要求与大学生经验之间的矛盾。大学生的经验有助于思想政治的客观要求在自己身上的内化。但是个人的经验如果与教育提出的客观要求冲突较大,

这种要求就可能被排斥，这时就产生两者之间的矛盾。第三，思想道德教育的客观要求与大学生完成这些要求的实际能力之间的矛盾。在思想道德教育过程中，教育者对大学生无论提出总体的要求还是具体的要求往往都有偏高的倾向，偏高的要求在方向上是没有错的，但是如果高到大学生实际不可能达到的高度，就失去了意义，造成大学生与思想道德教育客观要求之间的冲突。

解决上述矛盾，首先，要尽可能地创造条件，满足大学生正当的发展需求，也要纠正其不当的需求，使之与思想道德教育的客观要求相一致，还要帮助大学生培养更加合理的需求。其次，要引导大学生正确地对待个人经验，使其既不排斥个人经验，也不固执个人经验，并不断丰富个人经验中的积极因素，克服其中的消极因素，获得素质提升的动力。最后，思想道德教育的客观要求尤其是一些具体的要求要做到适度，即教育要求既要高于大学生思想道德素质现状，也要使大学生经过一定的努力能达到。

三、教育者思想行为状况与大学生思想行为状况之间的矛盾

在思想道德教育过程中，教育者的主导作用和大学生的能动作用要相辅相成，相得益彰，但在实际的教育过程中却常常会出现因二者不同的地位和作用，以及思想道德教育者的多元性等因素造成的矛盾。其一，不能正确认识和处理思想道德教育者与大学生在教育过程中各自所处地位而产生的矛盾。教育者将思想道德教育的客观要求传授给大学生，其一般的流程是，先有教育者的“传授”，才有大学生的“接受”，因此教育者在思想道德教育活动中处于支配地位。教育者与大学生的地位划分并不是绝对的，如在自我教育阶段，大学生就处于主体地位。如果教育者没有认识到大学生在特定阶段所处的主体地位，一味地要求大学生被动接受自己所提出的要求，势必导致二者之间的矛盾。其二，不能正确认识和处理教育者和大学生在教育过程中各自所具有的作用而产生

的矛盾。教育者是思想道德教育活动的发动者和组织者，但如果离开大学生的被发动和被组织，教育活动同样无法进行。在日常的思想道德教育活动中，经常出现教育者开展了很多的活动，但大学生思想道德素质仍没有得到提升的情况，这在很大程度上就是因为教育者没有很好地调动大学生积极性，也就是没有很好地发挥大学生之作用的原因。其三，在思想道德教育过程中，存在着社会、学校、家庭等多种教育主体，学校里还存在着思想政治理论课教师、辅导员、班级导师等不同的教育主体，各种不同的教育主体都可能对大学生施加影响，而由于不同的教育主体在认知能力和教育水平等方面的差异，对于思想道德教育的客观要求的理解和掌握程度也就存在着差异，因此，他们对大学生所施加的影响就会出现差异，有时甚至会出现冲突。

要解决如上矛盾，首先，要求教育者正确地认识教育过程中的主客体关系。教育者要认识到在教育过程中，自己一般上是主体，但是在某些特定的环节中，大学生也发挥着自身素质提高的主体作用。教育者同时还要认识到在教育过程中，自己主导和引领的作用只有在充分发挥大学生主动性能动性的基础上，才能起到更大的作用。其次，要求教育者关心大学生。关心大学生的具体要求很重要的方面就是饱含感情地与大学生进行交流。大学生所饱含的感情有助于增强大学生对于教育者的亲近感和认同感，从而使其更加主动地接受教育，更有效地促进自身思想意识的转变以及行为习惯的养成。反之，教育者如果不重视与大学生之间的情感交流，就容易使思想道德教育过程失去生动性。再次，教育者还要尊重大学生的差异性。思想道德教育这一教育活动最重要的职能，就是帮助大学生形成符合社会发展需要的世界观、人生观和价值观。为了达到这一教育目的，教育者就要根据大学生的特点，量身制定相应的教育计划和方案。例如，在同一个教育过程中，有能力比较强的大学生，也有能力稍弱的大学生，对此都要有针对性地把握，根据大学生能力的差异开展教育，才不至于产生反差过大的教育效果。最后，要形成多元教育者之间的合力。随着社会发展的多样化和社会矛盾的复杂化，教育者的认识能力和利益角度等存在较大差异，即使在同一教育要求的控制下，教育者对教育要求的理解也可能不同，从而导致传递给大学生的信息发生偏移，这就要求各级各类的教育者在建立相关机制的前提下，自觉地协调各方对于大学生的影响，努力避免其相互冲突，这是教育者自身应当承担的责任和义务。

四、思想道德教育的客观要求与教育环境状况之间的矛盾

在思想道德教育过程中，思想道德教育的客观要求所形成的教育影响以及社会环境所产生的影响同时作用于大学生。在理论上，这两种影响应该是一致的，然而在现实生活中，这两种影响常常表现为不一致，存在着矛盾。如果社会环境的影响和教育产生的影响一致或比较一致，教育影响就会受到强化，教育实效性就会提高；反之，教育影响就会弱化，教育实效就差，还可能造成大学生思想上和行动上的困惑。后一种现象即思想道德教育的客观要求与社会环境状况之间矛盾的集中表现，在现实的思想道德教育过程中也是较为突出的矛盾。

从教育环境的角度来说，要加强相应的治理和建设。例如，社会的公信力对于大学生能否产生积极的思想观念并能否做出积极的行为具有重要的影响。如果社会的公信力强，人们就易于产生积极的观念并做出积极的行为，如果公信力不强，则很难产生积极的观念并做出积极的行为。当前，商务诚信、政务诚信、社会诚信和司法公信等方面都存在着要解决的突出难题，如能在上述方面得到彻底的改善将有助于思想道德教育环境的真正改善。思想道德教育的客观要求与社会环境状况之间的矛盾，在现实层面上主要表现为教育者和大学生如何看待当前社会环境的问题，这是因

为,无论是教育者还是大学生,都会自觉不自觉地把自身所处的社会环境状况与思想道德教育的客观要求进行对比,并以此调整自己的思想和行为。在这个过程之中,教育者自身的正确认识和积极引导是非常重要的。教育者要发挥自身的主导作用,引导大学生客观地对待社会环境,并树立对社会环境的信心,以减少不良社会现象给大学生带来的消极影响。例如,教育者要引导大学生客观地看待我国当前社会道德状况,对于这个问题的认识是直接关涉对于社会主义现代化建设总体成就评价的大问题。教育者要通过教育实践使大学生形成一个共识:当前社会道德状况既有积极的一面,也有消极一面,但总体趋势是向着适应当前社会发展的方向发展的。这样的引导过程才能够更有效地发挥环境因素在教育过程中的作用,形成教育合力。

第三节　大学生思想道德教育过程中的规律

遵循思想道德教育过程中的规律是实现与完成大学生思想道德教育目标和任务的必然路径,对于思想道德教育过程中的规律的研究也成为大学生思想道德教育过程研究的落脚点。思想道德教育过程的规律是为解决思想道德教育过程中的矛盾所服务的,对于思想道德教育过程规律的遵循,关系到思想道德教育过程中矛盾的解决。思想道德教育过程的规律是合理地把握思想道德教育过程的各个要素、各个阶段和各个环节之间的关系并有效保持彼此之间的张力的理论概括。

一、协调要素规律

协调要素规律就是在思想道德教育过程之中要充分协调教育者、大学生、教育环境和教育介体四个要素之间关系的规律。思想道德教育过程是一个立体的、开放的过程。在思想道德教育过程中,大学生不仅受到来自不同教育主体的各种自觉影响,还要受到来自不同教育环境的各种或自觉或不自觉的影响,甚至也受到教育介体的影响。因此,思想道德教育过程就是协调各种自觉影响以及控制各种自发影响的过程。这个协调和控制的过程就是合理地把握教育者、大学生、教育环境以及教育介体之间关系的过程,它并非教育者、大学生、教育环境和教育介体四个因素的简单相加,而在于四个因素之间的关系的合理把握,其中所要解决的首要问题是处理四个要素自身内部的问题。

首先,要提高思想道德教育者的素质。思想道德教育者自身素质的高低,直接决定着思想道德教育效果的好坏。斯大林就说:"在国家工作和党的工作的任何一个部门中,工作人员的政治水平和马克思列宁主义觉悟愈高,工作本身的效率也愈高,工作也就愈有成效。"①提升思想道德教育者自身的素质,最重要的途径自然是学习的途径,正确的学习途径才能提高教育者的认识能力和理论水平,使其正确把握思想道德教育的客观要求。教育者的学习内容除了专业理论之外,还有报刊、电视和网络所提供的各种时事信息。教育者要感受思想文化领域的最新变化,而这样的信息大学生同样也会面对,教育者如果仅仅把信息再简单地传递给大学生,必定起不到好的效果,而如果以一种理性的态度和方法,对这些信息加以思考性的学习,尤其是运用马克思主义的立场观点方法加以分析,再把心得体会分享给大学生,使大学生在复杂多样的思想冲击之中取得共识,则是非常有意义的活动。与此同时,思想道德教育者还会面对与课堂教学相关的实践教学和学生事务等方面的工作,对于这些问题的关注,既是"广义思想道德教育过程"的重要组成部分,也为教育者自身理论水平和认知能力的提升提供了空间。

---

① 《斯大林文选》,人民出版社 1978 年版,第 246 页。

其次，要正确认识大学生。科学地认识和分析大学生思想道德素质，是确立思想道德教育目标的出发点。只有科学地认识大学生在各个时期的思想道德素质状况，准确地把握大学生在不同时期的思想行为特点，才能确定符合社会发展要求和大学生思想实际的思想道德教育目标、内容和方法，也只有在此基础上，思想道德教育过程才能取得好的效果。每个大学生个体，具有不同的社会属性和时空属性。从兴趣、爱好、性格、能力和年龄等角度，都可以将大学生区分为不同的类型，而每一个类型又可以被区分为不同的层次，根据大学生的类型和层次开展有针对性的教育是教育过程取得实效的必然之路。在现实生活中，每一个大学生身上还存在着积极因素和消极因素的矛盾。因此，教育者也要恰如其分地估量大学生身上的积极因素和消极因素，从发扬积极因素克服消极因素入手，形成大学生自我教育的内在动力。有了这种动力，思想道德教育的价值才能被更充分地发挥。

再次，要改善思想道德教育的环境。大学生思想道德素质的形成是在教育环境的影响下进行的，思想道德教育过程及其诸环节始终受到教育环境的影响。在思想道德教育过程中，教育环境不仅作用于教育者和大学生，而且还会作用于教育介体，影响着教育内容和教育形式的选择。因此，教育环境是思想道德教育过程必须重视的一个基本要素。加强思想道德教育环境建设大致包括三方面的内容，即环境的美化、净化和优化。所谓思想道德教育环境的美化，就是创造一个有利于大学生身心健康发展的物质环境和精神环境；所谓思想道德教育环境的净化，就是使教育环境的影响与思想道德教育目标在方向上保持一致；所谓思想道德教育环境的优化，就是使教育环境成为思想道德教育过程的自觉手段并保持最佳状态。当前思想道德教育的环境建设要特别关注对大学生产生重要影响的两种环境：校园文化环境和网络环境。前者要营造一种以校园文化为教育载体的氛围，后者要挖掘新时期通过新媒体开展思想道德教育的途径和方法。

最后,要合理运用教育介体。思想道德教育的介体包括教育内容和教育形式两部分,合理运用教育介体就是保持教育内容和教育形式的统一。在具体的教育过程中,要看到思想道德教育的内容是决定性的,有什么样的内容才会有什么样的形式,同时也要看到,教育内容也必须通过一定的教育形式来展开,没有一定的形式,不搞任何活动,不借助任何载体,自然也不会有教育内容。所以,在教育过程中要避免两种倾向,就是只关注教育内容或只关注教育形式。同时还要注意的是,思想道德教育的内容和形式同时还要始终与教育目的保持一致。教育目的是思想道德教育本质属性和培养目标的体现,教育介体(教育内容和教育形式)作为思想道德教育的媒介,始终要体现思想道德教育的本质属性和培养目标。

二、整合阶段规律

整合阶段规律,就是在大学生思想道德教育过程中,强化思想政治认识、丰富思想政治情感、锻炼思想政治意志以及养成思想政治行为等四个阶段的规律。任何一个人的思想和行为的形成与发展,都包含“知”“情”“意”“行”等四个要素,缺乏其中任何一个要素都难以形成完整的思想和行为。大学生思想政治意识和行为的形成与发展的过程,是“知”“情”“意”“行”诸要素的转化过程,也是四个要素之间不断整合的过程,还是一个循环往复和螺旋上升的矛盾运动过程。在这个层面来说,完整的思想道德教育过程包括四个基本阶段:强化思想政治认识,丰富思想政治情感,锻炼思想政治意志和养成思想政治行为,相应的阶段所要遵循的规律依次为“晓之以理”“动之以情”“炼之以志”和“导之以行”“持之以恒”。

晓之以理。教育者要以充分的说理方式解决大学生的认识问题。一般地说,思想道德教育都是从思想政治认知开始,而“理”又是大学生形成思想政治认知的手段，因而要培养大学生对思想政治理论的认知，首先就是使其认识到相应的道理。如果大学生对思想政治理论的道理毫无认知，自然不能形成思想道德素质。说理教育是思想道德教育的先导。在教育教学实践之中，说理教育也是最基本的思想道德教育手段。

动之以情。教育者要以深厚的情感投入教育过程并培养大学生的情感。这其中有两个方面：其一，教育者要以真挚的情感，即以真情和挚情去感动和激励大学生；其二，教育过程也要培养大学生的情感。情感是产生思想并付诸行动的动力，有了情感的动力，才会有思想认识和行为实践的统一，直至思想政治理论素质的形成。列宁就曾深刻地指出："没有人的感情，就从来不可能有人对于真理的追求。"①情感对于教育者和大学生同样重要。

炼之以志。由思想政治的"知"到思想政治的"行"中间有一个"意"的因素，即磨炼意志的阶段。意志是知识向行为转化的动力源。缺少磨炼意志这个阶段的保障，思想政治认知只会停留在主体自身的认知层面，而不能落实成行为。有了磨炼意志这个阶段的承接，才会从主体的认知出发，并最终落实成行为。总之，将"知"与"行"二者连接起来，贯穿个体思想道德素质形成的始终，提供这个动力的过程就是磨炼意志的过程。所以，整合教育过程中各个阶段的核心就是要注意磨炼大学生的意志。大学生获得坚强的意志需要一个反复锤炼的过程。

导之以行。行为是最能体现个人思想道德素质的要素，也是教育成效的直接体现。没有行为，也就无所谓素质；没有行为，一切理性和情感也都将无所寄托。情感和理性也只有转化为行为，才有价值。教育者引导大学生在认知和情感的基础上，磨炼坚定不移的意志，并在意志的作用下转化为行为，这个过程最关键之处

① 《列宁全集》(第25卷)，人民出版社1990年版，第117页。

就在于，大学生在认知和情感升华到一定高度之后，形成个体意志力。意志力是克服困难、实践目标的巨大的品质力量，因而“导之以行”的关键在于意志的磨炼。

持之以恒。个别的行为并不等于思想道德素质，思想道德素质体现为长期稳定的思想政治行为。教育者坚持长期的耐心的细致的思想道德教育，引导大学生将个别的良好行为转变成为持久的行为习惯，并最终形成良好的思想道德素质，这在思想道德教育过程中具有根本意义。

总之，大学生思想道德素质形成的过程，从根本上就是大学生思想政治认知如何转化为相应的思想政治行为的过程。这个过程实际上也是大学生在一定外界环境条件的影响下自身知识、情感、意志和行为等诸要素辩证运动、均衡发展的过程。

三、满足环节规律

满足环节规律就是在思想道德教育过程中要不断满足预备环节、实施环节和反馈环节等三个环节的阶段性和连续性之统一的规律。上述三个环节都是教育者为了对大学生施加积极的教育影响，促使大学生达到一定社会所期望的思想政治要求的一般流程。满足各个环节的规律，就要使思想道德教育过程中从确定学科的目标、制定合理的计划，到展开积极的互动、促成顺利的转化，再到进行积极的反馈并提升教育的实效，三个基本环节前后相继、相互渗透。

（一）确立科学的目标，制定合理的计划

确定思想道德教育目标对教育者和大学生的行为具有导向和激励的作用，对整个思想道德教育过程也具有定向作用，是思想道德教育过程的起点，也是教育效果产生的基本前提。因此，必需审慎地考虑这个关系到整个思想道德教育活动的基本环节。影响思想道德教育目标的因素是多方面的，其中主要的是社会发展的要

求、党和国家的奋斗目标。在确定思想道德教育目标时，必须把握上述各方面的要求和目标，并对大学生进行深入的调查研究，全面把握大学生的精神需求和思想实际状况。只有这样，才能科学地确定教育目标，使思想道德教育过程顺利进行。

目标确定以后，就要以此为根据，制定合理的思想道德教育计划。计划是目标的具体化，也是落实思想道德教育目标的具体实施方案。制定思想道德教育计划，一般包括划定教育内容、选择教育手段和方法、安排教育人员以及设计教育活动步骤等方面。思想道德教育计划的制定要注意科学性、预见性和针对性，要考虑到实施过程中可能出现的各种情况并留有余地。

（二）展开积极的互动，促成顺利的转化

这是思想道德教育过程的中心环节。教育方案制定出来后，思想道德教育者就要遵循所制定的方案，开展相应活动，在活动之中展开积极的互动主要就是引导大学生更好地度过“内化”和“外化”两个阶段，这个过程也是教育者对大学生“晓之以理”“动之以情”“炼之以志”“导之以行”并“持之以恒”的过程。或者说也是教育者要帮助大学生提高思想政治认识，养成积极的行为习惯，并通过外界的积极影响以及教育过程持久地协调、调控、巩固和强化行为习惯的过程。

从思想政治认知到思想政治行为的转化是一个十分复杂的过程，除了教育者发挥主导作用外，还需要大学生主体性作用的配合。因而，教育者在实施教育影响的过程中，要特别注意“转化”这个环节，也就是调动大学生自我教育的积极性以及自身思想道德素质提高的能动性，以使两个转化（内化和外化阶段）顺利地完成。促成大学生思想和行为之间的顺利转化是思想道德教育过程中最为精细和最为核心的环节，需要教育者投入最为集中的精力。

（三）进行及时的反馈，提升教育的实效

大学生在接受教育的自觉影响以及受到教育环境的自发影响

后，在思想认知和行为习惯等方面都会留下各种表现，通过这些表现，教育者就能了解大学生接受教育的效果以及大学生所受到的环境影响的情况等，这个过程就是成效反馈的过程。在思想道德教育过程中，大学生总是会以各种方式对教育影响做出效果的反馈，教育者应及时敏锐地捕捉和分析这些信息，以便对教育计划和具体实施方案进行调整，使下一步的教育活动更有针对性。

反馈的目的是为了日后的教育过程取得更好的效果，因而校正的过程是必要的，校正之后就是提升。本环节的后一个过程是教育者自觉地根据一定的标准对思想道德教育过程的实际效果进行质和量的评判，并在此基础上，对整个思想道德教育活动进行调控。校正过程的实质是使思想道德教育活动始终与思想道德教育的目的保持一致，它是整个思想道德教育过程的最后一个子环节。在日后的教育活动中进行校正，既是对思想道德教育过程的总结，也构成新一轮思想道德教育过程的起点，这个起点是个提升，而不是简单的重复。

在思想道德教育过程中，以上几个环节是相互联系、相互渗透的。整个思想道德教育过程，有的环节相对“复杂”，有的环节相对“简单”，但即便是相对简单的环节，也是整个教育过程所必不可少的，所有环节的循环往复才构成思想道德教育的全过程。

第二章　大学生思想道德教育的内容

大学生思想道德教育的内容是随着时代的发展而不断调整和更新的。当前的大学生思想道德教育在保持传统内容的同时，还要根据时代发展的要求增加新的内容。大学生思想道德教育要深入贯彻落实“中华民族伟大复兴中国梦”这一共同理想，也要运用中华优秀传统文化培育和践行社会主义核心价值观，并把公民道德和利他精神作为大学生思想道德素质养成的重要主题。

第一节　中国梦与大学生思想道德教育

思想政治理论课（以下简称思政课）是进行大学生思想道德教育的主阵地，而思想道德修养与法律基础课（以下简称基础课）又是思政课的重要组成部分。自从习近平总书记提出中国梦以来，如何将该问题的讲授贯彻于四门思政课之中，成为一个新近的热点和难点问题。这里试图以“基础课”为例，尝试着讨论这个问题。

一、中国梦与社会理想

习近平总书记在十二届全国人大一次会议上的讲话中指出：“实现中国梦必须走中国道路。这就是中国特色社会主义道路。

这条道路……是在对中华民族5000多年悠久文明的传承中走出来的,具有深厚的历史渊源和广泛的现实基础。”习总书记这段话赋予中国梦以深刻的历史文化内涵,使中国梦深深植根于数千年绵延不绝的中华文明史之中。中国梦作为中国特色社会主义道路的实践成果,在一定意义上,正是中华民族的共同理想。而在基础课教材的第一章“追求远大理想,坚定崇高信念”之中的第一节对于理想问题的论述专门对理想类型进行划分,尤其是在内容上,指出社会(政治)理想、道德理想、职业理想和生活理想等几种类型。这里的社会理想与当前中华民族的共同理想——中国特色社会主义道路,也就是中国梦有很多契合之处。在基础课的教学过程中,可以将二者结合起来进行讲解。首先,对于社会理想可以向学生们作如下的分析:社会理想,也被称作社会政治理想,是人们对未来社会制度、政治结构的追求、向往和设计,也是对未来社会面貌的预见。这种理想具有鲜明的时代性、阶级性的色彩。各个时代的人都会提出自己的社会理想,不同的阶级也都有自己阶级属性的社会理想,而社会的发展进步也是一代又一代人不断地提出社会理想并为之奋斗的结果。在我国历史上,有许多思想家和政治家设计了各种各样的关于社会理想的美好蓝图,对人类社会未来的前景做出了各类各样的描述。这些追求也是中华儿女追求中国梦历史进程的体现。因此,在向学生们讲解何谓社会(政治)理想的过程之中可以结合中国梦问题,进行深入的剖析。

二、中国古代的社会理想

中华民族自古以来就不乏理想信念的指引,也不缺乏对美好社会的向往追求。早在三千多年前,《诗经》中对“乐土”的向往可以说是我国劳动人民最早的社会理想,其中写道:“硕鼠硕鼠,无食我黍!三岁贯女,莫我肯顾。逝将去女,适彼乐土。乐土乐土,爰得我所。硕鼠硕鼠,无食我麦!三岁贯女,莫我肯德。逝将去女,适彼乐国。乐国乐国，爰得我直。硕鼠硕鼠，无食我苗！三岁贯女，莫我肯劳。逝将去女，适彼乐郊。乐郊乐郊，谁之永号?”这首题为《硕鼠》的民歌，把奴隶主比作老鼠，表达奴隶们对奴隶主的憎恨，以及对于没有剥削压迫的理想社会的向往，这也在说明自从有阶级对立以来，人们就有着对于美好社会的向往，也就具有了初步的社会理想。

到两千五百年之前，我们的先人又对理想社会有了进一步更加直接的阐述，那就是对于大同理想的向往和憧憬。在《礼记·礼运》之中有这样一段被世人反复引用的话："大道之行也，天下为公，选贤与能，讲信修睦。故人不独亲其亲，不独子其子，使老有所终，壮有所用，幼有所长，矜寡孤独废疾者皆有所养。男有分，女有归。货恶其弃于地也，不必藏于己；力恶其不出于身也，不必为己。是故谋闭而不兴，盗窃乱贼而不作，故外户而不闭，是谓大同。”这段关于大同社会的经典描述，体现了我们的先人们对理想社会的期盼与梦想，也是我国古代人民所追求的最高社会理想——“大同世界”的最早蓝本。《礼运》篇所描绘的大同理想，虽然是在当时生产力还很不发达的自然经济背景下产生的，但从思想内容来看，已经超越具体的社会形态，带有对于人类自身终极关怀的性质，是对人类社会发展的美好盼望，具有强大的历史穿透力，成为其之后的中国传统文化中不能忽视的重要内容。在此后的历史发展中其始终保持旺盛的生命力，历久弥新。甚至可以说，大同理想在我国历史上有深远的影响，它甚至成为各个不同时代的一些社会改革家们追求的社会最终目标。正如习近平总书记所指出的，自古以来，中国先贤就以“天下大同”即共同社会理想为追求目标。

事实上也是如此。自《礼运》篇正式提出大同理想以来，我国劳动人民对于大同社会的向往和追求从来没有停止过。《吕氏春秋·贵公》明确倡言“天下，非一人之天下也，天下之天下也”。东汉公羊学家何休提出“衰乱世、升平世、太平世”的历史进化观，其中“升平世”类似于《礼运》篇中的“小康”社会，“太平世”则与“大同”社会相仿。对于如此社会理想的期盼，最为典型的情形还有东晋田园诗人陶渊明，他在《桃花源记》中虚构出一幅没有剥削、没有压迫、人人劳动、平等、自由的美好生活图景，也就是一个没有战乱和罪恶、民风淳朴、其乐陶陶的世外桃源，以同现世的困苦形成鲜明对照。《桃花源记》不仅寄托了陶渊明本人的社会理想，也表达了当时百姓对美好社会的终极期盼。可以看出，大同理想在中国数千年的传统社会中，一直是批判社会现实、推动社会进步的重要理论依据和思想资源。

三、中国近现代的社会理想

到了近代，面临救亡图存的压力，中国人仍未放弃对大同理想的追求。随着社会的变迁，传统的大同理想被赋予新的时代特色，转化为批判封建专制与资本主义、追求社会主义的思想文化资源。例如，洪秀全有关“太平天国”的设想，他在《天朝田亩制度》中提出“有田同耕，有饭同食，有衣同穿，有钱同使，无处不均匀，无人不饱暖”的口号，就是农民阶级向往和追求的理想“天国”。

近代改良派代表康有为也有对“大同世界”的向往，他的《大同书》写道：“大同之世，人人皆居于公所，不须建室，其工室外则有大旅舍焉。当时旅舍之大，有百千万之室，备作数等以待客之有贫富者。其下室亦复珠玑金碧，光采陆离，花草虫鱼，点缀优雅；其若上室，则腾天架空，吞云吸气，五色晶璃，云窗雾槛，贝阙珠宫，玉楼瑶殿，诡形殊式，不可形容；而形室、飞室、海舶、飞船四者为上矣。”由《大同书》所描绘的种种情形来看，这里设计了一个无限美好的世界，在这里无私产、无阶级、无家族、无邦国，无帝王，人人相亲，人人平等，天下为公，可是实现康有为的“大同”必须破除国界、级界、种界、形界、家界、产界等“九界”，而要“去九界”，必须废君权、兴民权、行立宪。这样看来，康有为的“大同”观显然是融合了我国土生土长的大同理想，以及外来的基督教、佛教的博爱教义，乃至与欧洲的乌托邦思想和空想社会主义思潮等各种说法都有一定的关联，这反映出了大同思想在近代的新变化。

最后，近代资产阶级民主革命先行者孙中山提出“三民主义”。其中的民生主义就是用“平均地权”的办法，解决土地问题，防止贫富分化。孙中山的一生也是以“世界大同”和“天下为公”作为自己的最高理想。先生多次用大同理想阐释民族、民权、民生的三民主义。认为“民生主义就是社会主义，又名共产主义，即是大同主义”。他还试图把大同理想同近代西方的自由、平等、博爱理念结合起来，认为“若能扩充其自由、平等、博爱之主义于世界人类，则大同盛轨，岂难致乎？”如上情形都表明传统的大同理想在适应中国近代化的历史要求的形势下，面对着封建主义和资本主义的激荡冲突，焕发出新的生命力。

但是要特别说明的是，尽管中国古代乃至近现代的大同理想是多少代中国人内心深处挥之不去的情结，但由于历史和阶级的局限性，无论是两千多年以来风起云涌的农民运动，还是近代以来建立资产阶级共和国的积极尝试，都没有也不可能找到实现大同理想的现实路径①。回顾历史，以洪秀全为典型代表的历代农民起义多次提出“等贵贱”“均贫富”“均田免粮”等口号，太平天国运动甚至还明确提出建立“有田同耕，有饭同食，有衣同穿，有钱同使，无处不均匀，无人不饱暖”之社会发展目标的纲领。农民阶级追求大同理想的种种尝试虽给后人留下宝贵的精神财富，但无不以失败告终。历史证明，农民阶级不但无法找到通往大同之路，连封建王朝治乱兴衰的循环更替都无法打破。同样，近代以来通过资产阶级改良和革命建立资产阶级共和国的种种方案也不可能实现大同理想。正如毛泽东主席在《论人民民主专政》一文中说：“康有为写了《大同书》，但他没有也不可能找到一条到达大同的路。”②孙中山先生致力于国民革命四十年，到头来却依然“革命尚未成功”。“在一个半殖民地的、半封建的、分裂的中国里，要想发展工业，建设国防，福利人民，求得国家的富强，多少年来多少人做过这种梦，

① 早期改良派思想家王韬在回答英国学生提问时说：17、18世纪欧洲空想社会主义的“理想国”，同《礼运》篇中的大同说“颇为契合”，这使得提问和旁听的学生与先生“群击叹赏，以为闻所未闻”。因而在教学实践之中，可以穿插与中国“大同世界”相似的两个典型的西方经典案例，即“理想国”与空想社会主义，以帮助学生们更好地理解中西方不同文化对于这个问题的认识。其一，在“理想国”之中，柏拉图认为理想的国家由四个等级的人们组成，即统治者、武士、平民和奴隶，这四个阶层具有各自应当遵守的道德要求，诸如统治者应该具有智慧的德行，武士应该具有勇敢的德行，而平民应当具有节制的德行，每个阶层的人们各就其位，各守其职，即实现自己阶层应当具有的德行要求，整个社会就会安定下来，这种宏大的设想就是柏拉图心目中社会的理想状态。其二，近代空想社会主义，例如，英国的莫尔描绘的“乌托邦”，意大利人康帕内拉的“太阳城”，都幻想海外有一个仙岛，那里是一个与资本主义完全对立的，没有私有制的，平等、和睦、幸福的理想社会。后来又有三大空想社会主义者：圣西门的实业制度、傅立叶的和谐社会、欧文的劳动公社等。其中欧文的例子很典型，他是个大工厂主，1824年与信徒们来到美国，购买了3万英亩土地，搞劳动公社的试验。参与的人很多，成分很复杂，有不少是游民和冒险家，有些人希望很高，恨不得百事如意；有些人不愿意参加艰苦劳动，却要求较高的报酬；后来一片混乱，最后人心涣散，不得不解散。试验维持了5年不到，就失败了，耗费了他4万英镑，占他全部财产的五分之四，最后，欧文由于失败而一贫如洗。

② 《毛泽东选集》第4卷，人民出版社1991年版，第1417页。

但是一概幻灭了。”①概言之，无论是旧式的农民反抗斗争，还是资产阶级改良派进行的改良运动以及资产阶级革命派想在中国实行西方资本主义的社会治理方案，都没有也不可能实现中华民族救亡图存的民族使命，更谈不上实现所谓的大同世界之社会理想。

四、新中国成立之后的中国梦

自从马克思恩格斯的思想被传入中国，人们逐渐地认识到，他们的社会理想契合了中国人心灵深处的精神信仰，与中国自古以来所倡导和追求的大同理想有一定的异曲同工之处，因此能够引起国民强烈的共鸣，然而我们也必须看到两者之间也有着本质区别。传统的对于大同世界作美好憧憬的社会理想虽然描绘了一幅天下为公的美好图景，但是由于它不能意识到大同世界不能只建立在均贫富和礼乐教化的基础之上，而是必须以消灭阶级剥削和压迫、实现生产力的高度发展为前提。所以，由于其历史局限性，在各种大同世界理想所产生的时代也无法消灭阶级剥削和压迫、实现生产力快速发展的路径，因而终究只能是一种遥不可及的乌托邦。作为科学理论的马克思主义则向人们揭示了生产力与生产关系、经济基础与上层建筑的矛盾运动是人类社会发展的根本动力，进而指出通往物质和精神产品极大丰富、各尽所能、按需分配的共产主义理想的正确道路，使千百年来人们心向往之的大同理想不再只是空洞的梦想。总之，马克思所描述的共产主义社会是人类历史上最理想、最进步、最美好的社会。这一社会理想被提出来后，从理论到实践都得到了极大的发展，并正在不断地由理想向现实迈进。从人类对社会理想的追求来看，只有马克思所提出的共产主义理想才是建立在科学基础上的真正正确的崇高的社会理想。

---

① 《毛泽东选集》第3卷，人民出版社1991年版，第1080页。

在另外一个方面，却可以说传统大同理想之中所闪耀的理想主义色彩仍然具有不因时代发展而褪色的永恒价值。从古时的大同理想到今日的中国梦，尽管时代背景和历史条件发生了沧海桑田的巨大变迁，然而其中所蕴含的对美好生活的向往，对人民幸福的追求、对公平正义与社会和谐的期盼，却有着一脉相承的连续性。也可以说，新中国成立之前有关社会理想林林总总的说法都勾勒出一幅幅画面，它们曾是多少世纪以来我们的先人对未来社会制度的向往和追求，也是对未来社会面貌的积极预见，只不过到了今天的社会主义中国，这个梦想才成为一幅现实的蓝图。

习近平总书记在为我们描绘这个现实的蓝图即中国梦时谈道："随时随刻倾听人民呼声、回应人民期待，保证人民平等参与、平等发展权利，维护社会公平正义，在学有所教、劳有所得、病有所医、老有所养、住有所居上持续取得新进展，不断实现好、维护好、发展好最广大人民根本利益，使发展成果更多更公平惠及全体人民，在经济社会不断发展的基础上，朝着共同富裕方向稳步前进。"如上这段话不正表明当代中国共产党人就是无数先人梦寐以求的以大同世界为典型代表的美好社会理想的积极弘扬者和真正践行者吗？也正如习近平总书记所强调的："中国梦归根到底是人民的梦，必须紧紧依靠人民来实现，必须不断为人民造福。"中国人民在中国共产党的带领下定会"共同享有人生出彩的机会，共同享有梦想成真的机会，共同享有同祖国和时代一起成长与进步的机会"，共同实现我们的共同理想——中国梦。

第二节　核心价值观与大学生思想道德教育

"中华优秀传统文化已经成为中华民族的基因，根植在中国人内心，潜移默化地影响着中国人的思想方式和行为方式。”①中华优秀传统文化同时是“中华民族的精神命脉，是涵养社会主义核心价值观的重要源泉，也是我们在世界文化激荡中站稳脚跟的坚实根基”②。培育和践行社会主义核心价值观是当前大学生思想道德教育的重要内容，如何更有效地针对大学生群体进行社会主义核心价值观的培育和践行，可以从中华优秀传统文化之中去寻求资源借鉴。

一、中华优秀传统文化与社会主义核心价值观宣传教育的关系

澄清中华优秀传统文化与社会主义核心价值观宣传教育之间的关系是以中华优秀传统文化开展社会主义核心价值观宣传教育的基础环节。界定中华优秀传统文化与社会主义核心价值观宣传教育二者相关的概念又是这个基础环节的基础。首先要界定的是与中华优秀传统文化相关的概念，诸如何谓传统文化，何谓优秀传统文化，最后才是何谓中华优秀传统文化。在这样思路追问下的中华优秀传统文化，就是中华民族流传下来并对当代仍具有积极影响的古代文化（尤其是古代道德文化）。具体地说，中华优秀传统文化就指从先秦到辛亥革命时期③存在和发展的儒墨道法等各家传统道德文化的总和。其次要界定的是与社会主义核心价值观相关的概念，诸如社会主义核心价值观的基本内涵、具体内容，具体内容之中三个层面之间的关系以及每个层面内部各组成部分之间的关系，此外还有社会主义核心价值观的本质属性、社会主义核

① 习近平：《青年要自觉践行社会主义核心价值观——习近平在北京大学师生座谈会上的讲话》，《人民日报》2014 年 5 月 5 日。

② 习近平：《在文艺工作座谈会上的讲话》，《人民日报》2015 年 10 月 15 日。

③ 对于中华传统文化“时限”的界定可以参照一句话，即“今天的中国是历史的中国的一个发展；我们是马克思主义的历史主义者，我们不应当割断历史，从孔夫子到孙中山，我们应当给予总结，承继这一份珍贵的遗产。”参见《毛泽东选集》（第 2 卷），人民出版社 1991 年版，第 534 页。

心价值观与社会主义核心价值体系之间的关系以及社会主义核心价值观在中国特色社会主义建设过程中的地位和作用，等等。在这些追问之中，社会主义核心价值观中的12个词，就是承接“修身齐家治国平天下”的中国古训，从国家、社会和个人三个层面对当代中国核心的价值观理念的最大公约数表述；在社会主义核心价值观基本理念的统一体中，体现国家层面基本价值诉求的“富强、民主、文明、和谐”居于最高层次，体现社会层面基本价值诉求的“自由、平等、公正、法治”居于中间层次，体现公民思想行为基本价值诉求的“爱国、敬业、诚信、友善”居于基础层次；三个层面的基本价值理念相互联系、相互作用、相辅相成，共同服务于中国特色社会主义事业和实现中华民族伟大复兴中国梦的进程；具有社会意识形态本质属性的社会核心价值观，还具有鲜明的社会主义制度属性和阶级性。社会主义核心价值观是与资本主义的个人主义核心价值观根本对立的社会主义集体主义价值观，并成为社会主义核心价值观体系之中最深层的精神内核；凝练社会主义核心价值观是社会主义核心价值体系研究过程中凸现的重要理论和实践问题，培育和践行社会主义核心价值观是我党对社会主义核心价值体系建设的新部署和新要求。最后，培育和践行社会主义核心价值观是抵制资产阶级核心价值观渗透的迫切需要，也是实现全面建成小康社会宏伟目标的内在要求，还是实现国家治理体系和治理能力现代化的应有之义，亦是全面推进依法治国，建设社会主义法治国家的根本要求。①

在界定中华优秀传统文化与社会主义核心价值观之间相关概念基础之上，还要进一步探究二者的关系。其一，中华优秀传统文化是社会主义核心价值观的重要思想资源。中华优秀传统文化之

① 参见吴潜涛《培育和践行社会主义核心价值观重要意义的几点思考》，《思想教育研究》2015年第2期。

中的爱国情怀、民本观念、创新思想以及和谐理想等方面都是社会主义核心价值观的渊源，虽然它们在中华优秀传统文化之中的各种表现形式没有与社会主义核心价值观的表现形式完全一致，但是中华优秀传统文化所体现出来的精神要义却与社会主义核心价值观息息相通，并紧密地契合在一起。我国传统的核心价值观经过长期不断的发展和反复的实践锤炼，最终积淀成为中华民族的文化传统、民族性格、思维方式和精神特质，亦成为今天我们凝练社会主义核心价值观的思想文化之源。其二，社会主义核心价值观是中华优秀传统文化的升华。社会主义核心价值观跟我们过去发生的、至今对社会仍然有深远影响的中华优秀传统文化密切相关。建立在中华优秀传统文化基础之上的社会主义核心价值观，正成为我们中华民族认同的价值基础，也成为引领中华传统文化走向世界的精神支柱。培育和践行社会主义核心价值观无疑是在继承和弘扬着中华优秀传统文化，因而对于中华优秀传统文化来说，也是一种提升。进一步地说，社会主义核心价值观将包括中华优秀传统文化在内的各种优秀文化融为一体，为中华优秀传统文化进一步的传播和发展奠定了基础。

在厘清中华优秀传统文化和社会主义核心价值观的关系之时，还不能遗漏两个关系。第一个关系是培育和践行社会主义核心价值观的过程中继承和弘扬中华优秀传统文化与借鉴国外优秀文化成果的关系。把握这个关系的基本点在于：社会主义核心价值观的培育和践行，要对外国文化中的积极成分进行学习借鉴和吸收，但并非要放弃对外国文化中消极成分的批判。具体地就是，既要高度重视培育公众的民族自信心、自豪感，又要引导公众树立世界眼光，博采众长；既要大胆借鉴资本主义核心价值观中的合理成分，又要划清社会主义核心价值观与资本主义核心价值观的界限，防止拜金主义、享乐主义、个人主义价值观的消极影响。第二个关系是在培育和践行社会主义核心价值观的过程中继承和弘扬中华优秀传统文化与传承我党革命传统文化的关系。把握这个关系的基本点在于:作为我国革命文化重要组成部分的革命道德是当代中国社会主义现代化建设的宝贵财富,更是与中华传统美德一脉相承的,它继承了中华传统道德的精华,摒弃了中华传统道德的糟粕,是中华优秀传统美德的延续和发展。继承和弘扬中国革命道德是继承和弘扬中华传统美德的应有之义。具体地就是,要在培育和践行社会主义核心价值观的过程中,不能忘记中国共产党人开创的革命道德传统。继承我党的革命道德传统首先要把握其丰富的内涵,这些内涵包括革命道德的原则、要求、态度、修养、风尚等方面。还要注意的是,要把继承革命道德与弘扬中华传统美德结合起来,为培育和践行社会主义核心价值观奠定基础。

厘清中华优秀传统文化与社会主义核心价值观之间的关系之后,最后就是要厘清中华优秀传统文化与社会主义核心价值观宣传教育之间的关系。继承和弘扬中华优秀传统文化是开展社会主义核心价值观宣传教育的重要内容和基本手段,而开展社会主义核心价值观宣传教育活动又是继承和弘扬中华优秀传统文化的现实途径和有效保障,二者则统一于建设有中国特色社会主义道路和实现中华民族复兴伟大的中国梦的进程之中。首先,中华优秀传统文化是进行社会主义核心价值观宣传教育的重要思想资源,具有永不褪色的时代价值。这里的“资源”就是说,中华优秀传统文化积淀着中华民族最深层的精神追求,是涵养社会主义核心价值观的重要源泉。培育和弘扬社会主义核心价值观必须立足中华优秀传统文化。“牢固的核心价值观,都有其固有的根本。抛弃传统,丢掉根本,就等于割断了自己的精神命脉。博大精深的中华优秀传统文化是我们在世界文化激荡中站稳脚跟的根基。”①今天我

---

① 习近平:《把培育和弘扬社会主义核心价值观作为凝魂聚气强基固本的基础工程》,《人民日报》2014年2月26日。

们开展社会主义核心价值观的宣传教育活动，必须从中华优秀传统文化之中汲取其丰富营养，否则就不会有生命力和影响力。也只有加强中华优秀传统文化教育，继承和弘扬中华优秀传统文化，才能培育社会主义核心价值观，落实立德树人的根本任务。其次，社会主义核心价值观宣传教育活动也有助于对中华优秀传统文化的传承和升华。从历史上来看，任何一个民族的传统文化要适应时代的发展和变化，必须有核心价值观的统帅和引领。“核心价值观是文化软实力的灵魂、文化软实力建设的重点。这是决定文化性质和方向的最深层次要素。一个国家的文化软实力，从根本上说，取决于其核心价值观的生命力、凝聚力、感召力。”①也就是说，核心价值观承载着一个民族的精神追求，体现着一个社会评判是非曲直的价值标准，它对于继承和弘扬优秀传统文化无疑是至关重要的。社会主义核心价值观宣传教育活动所担负的重要历史使命，将中国特色社会主义理论、中华优秀传统文化、人类优秀文明成果融为一体，实现了传统与现代、继承与超越、民族性与时代性的统一，自然会实现中华优秀传统文化的传承和升华。当前，我们面对着国际国内条件变化造成的价值观念多元、多样、多变的形势，通过社会主义核心价值观宣传教育活动，促进中华民族价值共识的形成，也已成为迫在眉睫的任务。

二、中华优秀传统文化可为开展社会主义核心价值观教育所运用的资源

探究中华优秀传统文化之中有哪些资源可以为开展社会主义核心价值观宣传教育所运用，是以中华优秀传统文化开展社会主义核心价值观宣传教育的中间环节。经过梳理，可以认为中华优

---

① 习近平：《把培育和弘扬社会主义核心价值观作为凝魂聚气强基固本的基础工程》，《人民日报》2014 年 2 月 26 日。

秀传统文化应当是一个统一的整合体，它的精髓是中华传统美德。正如习近平总书记所说："中华传统美德是中华文化精髓，蕴含着丰富的思想道德资源。"[①]抑或说，讲仁爱、重民本、守诚信、崇正义、尚和合、求大同的中华传统美德，是中华优秀传统文化统一体中的精髓。我们所常讲的热爱祖国、团结统一、天下为公、爱好和平、自强不息、厚德载物、人际和谐、和而不同、立志高远，艰苦奋斗等一系列道德规范和要求，都是中华优秀传统文化之中超越时空的价值理念，它们既体现着中华优秀传统文化的精髓，也是社会主义核心价值观的重要来源，应当成为有中国特色社会主义现代化建设所需要的精神资源，更会成为社会主义核心价值观宣传教育活动的有效资源。

首先，要将中华优秀传统文化中的资源为社会主义核心价值观宣传教育所运用，关键的是要找到承载这些资源的载体。这些资源主要承载于"先天下之忧而忧，后天下之乐而乐""老吾老以及人之老，幼吾幼以及人之幼""苟利国家生死以，岂因祸福避趋之"等历史人物和古代先哲的格言警言之中；承载于《礼记》《大学》《道德经》等经典名篇之中；承载于"愚公移山""女娲补天""精卫填海"等中华大地上所流传的美丽传说之中；承载于拳拳报国的屈原、精忠报国的岳飞、慷慨赴死的文天祥等光耀古今的伟人的励志故事之中……这些格言警句、经典篇章、美丽传说和励志故事在当时就起到至关重要的作用，也必将成为构建社会主义核心价值观的有效资源借鉴。例如，宋明时期的善书、蒙书和通俗小说在民间广为流传，这些通俗读物很大程度上弥补了"官学"教化上的不足，对当时的传统价值观教育起到很大的作用，这样的经验就可以运用到当前的社会主义核心价值观宣传教育之中，以提升教育实效。总

---

① 习近平：《把培育和弘扬社会主义核心价值观作为凝魂聚气强基固本的基础工程》，《人民日报》2014 年 2 月 26 日。

之，把握好这些句子、篇章、传说和故事所体现的精神也就是前面所说到的那些跨越时空的价值追求，才能抓住中华优秀传统文化的精髓，实现社会主义核心价值观宣传教育的目的。

其次，发掘中华优秀传统文化能够为社会主义核心价值观宣传教育所能提供的资源，还可以从中华优秀传统文化的不同思想流派观点之中去探寻。社会主义核心价值观的提出，融合了中华优秀传统文化资源之中儒墨道法各家学说的精髓。具体地如，儒家“君子敬而无失，与人恭而有礼，四海之内，皆兄弟也”(《论语》)中对于“友善”的强调，“民为贵，社稷次之，君为轻”(《孟子》)中对于“民本”的崇尚，“和也者，天下之达道也。致中和，天地位焉，万物育焉”(《中庸》)中对于“和谐”的追求等丰富内容，都成为我们在国家治理、社会稳定和个人修养等方面的宝贵经验；道家“万物负阴而抱阳，冲气以为和”(《老子》)中对于生态的重视以及对于生命的关怀，庄子提倡通过“心斋”“坐忘”达到“虚静”“澄明”的境界中对于自由的向往，都能够启示当代人在复杂的生活环境中正确地处理自我与外界、自我与自身等方面的关系；法家“家有常业，虽饥不饿；国有常法，虽危不亡”“治民无常，惟法为治”(《韩非子》)中的法治理念，“道德立于上，则百姓化于下矣”(《管子·君臣下》)“法立令行……教可立而化可成”(《管子·正世》)之“以法为主，以德为辅”的治国方略，都为当前国家治理体系和治理能力的现代化提供了理论支撑；墨家的“兼爱”“非攻”“行天下之利，除天下之害”的功利思想以及“尚贤”“尚同”“非命”“非乐”“节用”等与众不同的观念都值得重新认识。上述不同思想流派中的观点都是我们当前开展社会主义核心价值观宣传教育活动可以利用的资源。

再次，挖掘中华优秀传统文化能够为社会主义核心价值观所用的资源，还可以从社会主义核心价值观不同层次的内容之中去探寻，也就是将中华优秀传统文化放在国家层面的价值目标、社会层面的价值取向以及公民个体层面的价值准则等方面进行考察，挖掘中华优秀传统文化中的各种资源对于当前社会主义核心价值观宣传教育活动的具体启示和借鉴。以社会层面的内容为例，中华优秀传统文化崇尚独立的人格，向往洒脱的心境，强调个体的修为，同时，也看重社稷的整体利益，看重个体对于社会的责任，看重个体对于群体的义务，认为个人的价值只有在社会的发展之中才能真正实现；中华优秀传统文化也主张社会福利要在社会成员之间进行公平分配，做到“矜寡孤独废疾者皆有所养”，其中的“大同世界”之社会理想更是强调所有社会成员的平等性，不存在不劳而获的特权；建设公平正义的社会，也是中华民族一直所向往的，我们不仅把公平正义这一价值理念看作个人修养的要求，也是治国理政的现实保障；中国古代社会的治理模式及其理念，虽然从根本上还是人治模式下的法治理念，但也蕴含着丰富的法治思想。上述内容分别反映出中华优秀传统文化是社会主义核心价值观中“自由、平等、公正、法治”等基本理念的重要思想来源，自然可以成为宣传教育过程之中培养公民相关核心价值理念的资源借鉴。

最后，在发掘中华优秀传统文化为社会主义核心价值观宣传教育提供资源借鉴的过程中，要把握一定的原则才能起到更好的效果。这些原则具体地就是指，第一，坚持传统性与现代性的辩证统一。一个民族不能轻视自己的传统，也不能囿于传统、沉湎于传统。要在继承中进行创新，使中华优秀传统文化精髓与当代社会的时代精神融为一体；第二，坚持民族性与世界性的辩证统一。中华优秀传统文化所具有的兼收并蓄、精益求精的特质，以及开放包容、和平发展的精神，有效地推进了世界多元文化的交流，因而要把这种经验有效传递下去；第三，坚持主导性与多样性的辩证统一。发挥社会主义核心价值观的主导和统领作用，引导不同群体认同社会主义核心价值观，从而自觉地认同社会主义核心价值观及其评判标准。上述原则的坚持也就是要用当前时代的语言，用当代的表达方式来发掘传统文化中的丰厚资源，结合中国特色社会主义现代化建设的实际，对中华民族传统文化之中那些时刻调整着社会关系，时刻激励着人们向上向善的价值理念、主要命题、思想精华、道德基因作出体现时代性的全新阐释，如此才可能真正地继承和弘扬中华优秀传统文化；第四，还要注意的是，运用中华优秀传统文化资源开展社会主义核心价值观宣传教育活动，并不是找到中华传统文化之中可以继承的资源之后，照搬照抄就行了，它还需要被赋予新的时代的内容，并吸收世界各国先进文化，进行综合创新，这也是习近平总书记所指出的“创造性转化”“创造性发展”之主旨所在。

三、运用中华优秀传统文化资源开展社会主义核心价值观宣传教育

探究如何运用中华优秀传统文化资源去开展社会主义核心价值观宣传教育，是以中华优秀传统文化开展社会主义核心价值观宣传教育的落实环节。这个环节的推进就是在正确认识中华优秀传统文化和社会主义核心价值观宣传教育二者关系的基础之上，准确把握中华优秀传统文化可以为社会主义核心价值观宣传教育所利用的资源，并实现其与社会主义核心价值观宣传教育活动的有机融接。改革开放以来特别是新世纪以来，对于中华优秀传统文化的宣传教育不断加强，尤其在社会主义核心价值观的宣传教育开展之后，更是取得了显著成效。但是，面对新形势、新要求，中华优秀传统文化的宣传教育还存在不少突出问题：第一，对中华优秀传统宣传文化教育重要性的认识还有待进一步提高；第二，教育内容的系统性、整体性还明显不足；第三，重知识概念讲授、轻精神内涵阐释的现象还比较普遍，课程和教材体系还有待完善。

首先，在教育观念上，要使大学生认识到社会主义核心价值观是对中华优秀传统文化的升华和超越，开展相应的宣传教育活动也是必然、必需和必要的。尤其要树立以中华优秀传统文化开展

社会主义核心价值观宣传教育活动之重要性的理念,并把这个理念真正贯彻和落实在具体的宣传教育活动之中。具体地说,国民教育要构建大中小学德育课程之间有效衔接的体系,增强教育的系统性和针对性。例如,在小学阶段要以培养对中华优秀传统文化的感受力为方向,开展价值认知教育;在中学阶段要以增强对中华优秀传统文化的理解力为方向,开展价值认同教育;在大学阶段要以提升对中华优秀传统文化的探究力为方向,开展责任意识教育;社会教育之中,要根据不同教育群体,诸如不同行业背景、不同文化程度、不同年龄的人群开展相应的宣传教育活动,尤其是宣传活动,同时也要根据城市和乡村不同环境的情况开展不同的宣传教育活动;最后,要使学校教育、家庭教育、社会教育相结合,既发挥学校主阵地作用,又要加强家庭、社会与学校之间的配合,形成教育合力。

其次,在教育内容上,社会主义核心价值观分为国家的、社会的和个人的三个层面。因而,宣传教育在教育内容上就可以从上述三个方面进行挖掘。第一,中华优秀传统文化中的天下担当精神与国家层面的价值目标相对接,因而可以开展天下兴亡、匹夫有责为重点的家国情怀教育。家国情怀教育要使大学生以祖国强盛为光荣、以国家衰落为耻辱,增强国家认同,树立民族自信,成为有自信、懂自尊、能自强的中国人;第二,中华优秀传统文化中的社会建构理想与社会层面的价值取向相对接,因而可以开展以仁爱共济、立己达人的社会关爱教育。社会关爱教育要使大学生理解他人、尊老爱幼、扶残济困、关心社会、尊重自然,养成利他精神,成为高素养、讲文明、有爱心的中国人。第三,中华优秀传统文化中的修身向善追求与个人层面的价值准则相对接,因而可以开展以正心笃志、崇德弘毅为重点的人格修养教育。人格修养教育要使大学生明辨是非、遵纪守法、坚韧豁达、奋发有为,形成良好的道德品质和行为习惯,成为知荣辱、守诚信、敢创新的中国人。总之,上述理念都可以成为以中华优秀文化开展社会主义核心价值观教育的重要内容，使社会主义核心价值观与中华优秀传统文化有机地统一起来。

再次，在教育途径上，要确保继承和弘扬中华优秀传统文化方式方法的多样、灵活和生动。当前，尤其要加强网络载体的运用与创新，并强化榜样示范教育的实效两个方面。在网络载体方面，要积极利用现代传媒网络，使社会主义核心价值观像空气一样无所不在，也就是要建设好网络媒体，引导社会舆论，构建价值认同的深厚基础。这些媒体不仅包括官方媒体、传统媒体，也包括大众媒体、新兴媒体，甚至还包括微信、微博等自媒体。具体的要求就是开设诸如网络社区、博客、微博、微信等平台，加强加大宣传教育的力度，并充分利用网络平台的迅捷性以及便利性，更有效地开展相应的教育教学实践。此外还要使教育者掌握网络平台的技术手段以及网民的心理趋向，健全相应的网络法律法规，完善网络道德规范，这一切都为构建有效的网络载体奠定基础。在榜样示范教育方面，榜样示范教育是传统思想道德教育的重要载体，在当前的环境下，它自然可成为社会主义核心价值观教育的重要途径。这里要特别注意道德榜样“自下而上”和“自上而下”两种确立方式之间的关系。“自下而上”的道德榜样带着自发性质，与大学生的日常生活直接相关，容易被人们所接受和效仿，而“自上而下”的道德榜样主要是“官方”确立的。按照人们的心理倾向，越是官方树立的，人们越不容易去接近和效仿。因而，要充分挖掘“非官方”的和“民间”的榜样的示范作用，给社会成员提供具体的、贴近生活的、在日常行为中就可以参照的榜样。如衢州等地以民间“最美现象”为契机开展的道德模范宣传活动就是很好的宣传教育活动。

最后，在教育重点环节上，要关注两个方面。一方面是两个群体（党员领导干部群体和青少年群体）的教育。中国共产党是当前形势下培育和践行社会主义核心价值观的首要示范力量，党员领导干部群体的教育实践活动对其他群体产生着重要的影响，因此，必须进一步加强对于党员领导干部的宣传教育。青少年群体也是社会主义核心价值观宣传教育的重要人群，这不仅因为青少年在国家和社会发展过程中的重要地位，更是因为青少年群体正处在价值观确立的关键时期。因而，如何适应青少年身心特点和成长规律，科学地安排教育内容，合理地选择教育方法，使他们通过社会主义核心价值观宣传教育活动确立正确的价值观，是相应的宣传教育活动重点要关注的问题。另一方面是社会生活中的教育。社会生活中的教育尤其要重视民族传统节日的思想熏陶和文化教育功能。传统节日文化与民俗文化是中华优秀传统文化中的宝贵财富，也是中华民族精神的内在结晶，以丰富节日文化的载体形式融入社会主义核心价值观宣传教育活动之中，让群众都参与进来，通过传统节日文化和民俗文化实现传统文化的当代关照。例如，元宵观灯、清明祭祖、中秋赏月，这些我们祖先对自然规律之人文价值的长期探索所形成的传统节庆，体现着中国人为达到人与自然和谐相处所结出的智慧果实，可以成为一个重要的教育载体。这里涉及中华优秀传统文化资源的大众化问题。推进中华优秀传统文化资源的大众化，正是将中华优秀传统文化资源与社会主义核心价值观宣传教育放在一起考察的基本立意之所在。因此可以利用二者各自的优势，开展相应的大众化工作，让体现社会主义核心价值观的优秀传统文化走出书斋，走向民间，走向群众。

第三节　公民道德与大学生思想道德教育

大学生群体作为全体公民之中最具有活力、最能代表未来发展方向的群体，其思想道德素质的状况在整个公民群体的思想道德素质状况之中占有重要的地位，起着重要的影响。相应地，大学生思想道德教育就要从教育目标、教育原则、教育内容和教育途径等方面开展公民道德主题的教育。

一、公民道德与大学生思想道德教育的目标

公民道德教育的目标是对公民道德教育活动预期结果的一种价值限定和观念化形式。它规定了公民应该具备的道德标准，直接关系到公民道德的性质，影响公民道德教育内容的确定和途径的选择，在整个道德教育活动中起着主导作用。

长期以来，我国的道德教育尤其是大学生思想道德教育目标存在着总体上要求过高的问题。建国以来，我国道德教育的目标脱离现阶段的超前要求太多，真正从实际出发的适应性要求很少，如钱伟长先生通过调查就认为："在德育工作中，往往以政治教育代替道德教育，以成人化的内容和形式对青少年进行教育，要求提得过高，脱离实际，以至于流于形式，不能适应社会转型期青少年教育的需要，因而收效不大。"①可以说，正是由于我国道德教育目标要求过高才使思想道德教育带来了一些负面效果。因而当务之急要尽快建立一种比较明确的，可被普遍接受的公民道德目标体系，大力开展公民道德教育。

当前我国利益主体多元化的事实，必然会导致多元化的道德需要和价值观念的出现。为了适应经济发展的需要，必须考虑作为公民的大学生群体的不同道德需要和水平。在不放弃崇高道德理想的前提下，尤其注重对于大学生公民基础道德的养成。表现在道德教育的目标上，就是要注重培养那些作为公民都必须遵守的基本道德。具体地说，就是培养具有热爱祖国、热爱人民、热爱劳动、热爱科学、热爱社会主义的思想感情，具有社会主义民主观念和法治观念以及能够遵纪守法的行为习惯，对他人和社会负责的公民。使大学生自觉地接受、选择和践行具有中国特色的社会

① 钱伟长:《切实解决教育发展中的几个紧迫问题》,《群言》1995 年第 3 期。

主义公民道德规范，在全社会形成团结互助、平等友爱、共同进步的人际关系，形成良好的社会主义公民道德风尚，是大学生公民道德教育的最终目标。

二、公民道德与大学生思想道德教育的原则

公民道德教育原则对于约束道德教育主体，正确实施教育措施，提高公民道德素质具有十分重要的作用。大学生思想道德教育在公民道德教育的过程中要坚持如下原则：

（一）先进性和广泛性相结合的原则

公民道德教育的先进性就是道德教育过程中要强调对共产主义道德的宣传和教育工作，加强对大公无私、毫不利己、专门利人、全心全意为人民服务和无私奉献的教育，以及共产主义理想的教育；公民道德教育的广泛性是指教育要照顾大学生的思想实际和文化教育水平，考虑到他们人际关系的现实需求，加强基本的社会公德、职业道德和家庭美德的教育。遵循先进性和广泛性相结合的原则，公民道德教育就要区分不同层次大学生的不同特点，采取多层次的教育方式。对于整个社会来说，中国共产党党员的道德要求要比一般工作者高，教育工作者的道德要求要比其他工作者高，高科技工作者的道德要求要比一般工作者高；针对大学生的教育则要加强如文明行为习惯、遵纪守法、积极负责等公民基础道德修养的教育。上述情形更符合我国现阶段多数人的道德需求水平及其变动的趋势。现实生活中最为缺乏的并非惊天动地的“道德楷模”而恰恰是平凡之中能够恪守基本道德的人。因而大学生思想道德教育要以广泛性的提高为前提，以先进性为理想和追求的目标，带动广泛性道德的发展，实现公民道德素质的普遍提高。

（二）继承与创新相统一的原则

社会主义道德是无产阶级道德与中华民族优良传统道德有机结合的产物，是根植于中华民族五千年的优秀道德土壤，是融合传

统美德与现代道德为一体的现代道德，是充分体现了时代性与继承性相统一的新道德。中华民族有五千年的文化积淀，其中关于道德修养的智慧博大精深。传统道德修养的“忠、信、孝、礼、义、廉、耻”，以及“智、仁、勇”的道德人格，虽具有明显的封建色彩，但对于社会公德和家庭美德的维护和发展仍有重要作用。同时社会主义现代化建设的发展要求道德要在继承传统美德的基础上不断创新，建立弘扬一切有利于促进国家统一、民族团结、社会进步的思想道德；一切有利于追求真善美、抵制假恶丑、弘扬正气的思想道德，一切有利于履行公民权利义务、用诚实劳动争取美好生活的思想道德，进而营造社会主义扶正祛邪，扬善惩恶的良好道德氛围。

（三）理论应用于实践的原则

大学生思想道德教育要进行爱国主义、集体主义、社会主义以及社会公德、职业道德、家庭美德和共产主义理想信念等理论教育，与此同步，大学生思想道德理论教育必须结合实践进行。针对不同专业开展职业道德教育，使之运用到公民的具体学习、工作实践中。具体地如，以工作团体或社区为单位组织参观、访问、社会调查、社会公益活动和文体娱乐活动；开展文明社区、文明单位的评比活动，以实践活动调动大学生的积极性，把理论教育的效果转化到实践中。

三、公民道德与大学生思想道德教育的内容

公民道德教育的内容是实施教育活动和实现道德教育目标的依据。当前大学生思想道德教育的内容应以为人民服务为核心，以爱祖国、爱人民、爱劳动、爱科学、爱社会主义的“五爱”为基本要求，进行爱国主义、集体主义、社会主义的教育和社会公德、职业道德和家庭美德的教育。

（一）教育内容要以为人民服务为核心

为人民服务是社会主义道德建设的核心，也是公民道德教育的核心。对于不同层次的公民来说，他们在自己的职业活动和社会生活中遵纪守法，勤勤恳恳地劳动，尽力做好本职工作，为他人、为集体、为社会服务，也就做到了为人民服务。而对于公民中的共产党员，国家机关工作人员和先进分子来说，为人民服务应当有较高的要求：要以符合广大人民群众利益作为衡量标准，评价自己的言行和工作。公民道德教育是一项长期的工作，要始终以为人民服务的宗旨为核心，有针对性、有层次地进行教育，这样才能保证道德教育的质量，实现道德教育目标。

（二）教育内容要以"五爱"为基本要求

"五爱"是社会主义道德建设的基本要求。在针对大学生的公民道德教育中"五爱"的基本要求具体体现在：教育大学生维护国家主权，反对霸权主义，促进祖国统一大业的完成，积极投入社会主义建设；在家庭生活、职业活动、社会生活中团结和关心亲友、同事、师长、同胞，尊重广大劳动人民群众的权利，关心人民的疾苦；发扬艰苦奋斗的精神，热爱劳动，积极投身于工作和学习的劳动实践；以学习科学文化知识为责任和光荣，尊重知识，尊重人才，坚持真理，勇攀科学高峰；积极学习中国特色社会主义理论，拥护并投身于改革开放的实践活动，坚决反对一切腐败和丑恶现象。

（三）教育内容要以"三德"为重点

公民的社会生活主要表现在社会公共生活、职业生活、家庭生活中。社会公德、职业道德和家庭美德是社会主义公民道德教育中最重要和最基本的内容。教育大学生要文明礼貌、助人为乐、爱护公物、遵守社会公共秩序，遵守法律法规。加强大学生社会公德的宣传活动，形成良好的社会主义道德风尚；教育大学生要爱岗敬业、诚实守信、办事公道、服务群众、奉献社会。针对职业道德的多样性和具体性，对大学生进行不同职业道德规范的教育；教育大学生要做到婚姻自由、男女平等、尊老爱幼、夫妻和睦、勤俭持家和邻里团结。

四、公民道德与大学生思想道德教育的途径

公民道德教育是提高公民素质的系统工程,它与社会生活各方面相互影响,相互渗透。因而必须采取广泛的途径开展教育才能充分发挥道德对社会生活的作用。

(一)公民道德教育与法治建设相结合

针对大学生的公民道德教育,以培养大学生的思想道德品质为目标,还要辅以法治教育作为重要的内容。道德和法治二者相互作用的关系更明显地体现在具有最广泛基础的公民道德教育活动上。法治的完善能够更好地维护社会秩序和社会稳定,协调人际关系,这也是公民道德教育的目标;法治的完善可以使良心和社会舆论在其力量不变的情况下对大学生行为产生更大的积极影响;法治的完善可以校正大学生的道德观念,强化他们的公民道德意识,提高他们的公民道德境界。综上,法治建设与道德教育是相互补充、相互促进的关系。当前加强公民道德教育应加强立法工作,尽快将那些关系重大的某些道德要求法制化,同时加强法律法规的宣传工作,为公民树立正确的道德观念,履行道德规范打下坚实的制度基础。

(二)公民道德教育与体制建设相结合

道德是由社会关系特别是经济关系决定的,完善规定各种社会关系的体制,对于改善公民道德状况具有十分重要的意义。首先,要完善分配体制。我国财富分配体制基本上是合理的,但其中仍有一些不合理、不完善的地方,如国家工作人员合法收入偏低等,这助长了不道德现象的产生,必须加以改进。其次,完善社会主义民主法治体制。例如,要促进党政机关和领导干部道德状况的改善。再次,完善新闻媒体的舆论监督机制。例如,要发挥舆论

监督对道德行为评价和导向的重大作用。最后，完善对道德行为和品质的奖励机制。例如，要对一些高尚的道德行为实行奖励，改变“奖才不奖德”的现状，使道德奖励制度化，促进公民道德素质的不断提高。

（三）公民道德教育与文化建设相结合

文化建设同样具有重要的道德教育功能。充分发挥文艺陶冶情操、纠正是非、提高境界、激发斗志的功能对于提高大学生思想道德水平具有重要意义。因而要通过繁荣社会主义文化，丰富大学生课余文化生活来推进公民道德教育。首先，各级政府要加强对文化事业的投入，加强对文化事业的引导，为文化事业发展提供自由空间，促进校园文化的发展。其次，加强对文化市场的监督，加强文化市场领域的法制建设和行政管理工作，加强对文化市场的舆论监督，发挥先进文化对道德教育的促进作用，抑制腐朽文化的消极影响，最终使大学生扬善惩恶，践行时代所要求的道德要求和道德理想。

第四节　利他精神与大学生思想道德教育

近年，“最美婆婆”“最美妈妈”“最美教师”和“最美司机”等多个“最美现象”发生之后，社会各界再次对以“最美现象”为代表的“利他精神”之问题给予高度关注。把社会上的“利他精神”移至高校，关注大学生利他精神及其培育的问题，对于加强高校校园文化建设以及提升大学生道德素质无疑都具有重要的意义。

一、以感恩关爱意识为核心的情感教育

一般说来，任何一个概念都可有狭义和广义的两种说法。广义的利他精神就是指人们产生有利于他人、社会乃至自然界的观念和行为。利他精神所产生的情感基础是人们对于他者（他人、社

会乃至自然界)的关爱意识,因而,要促使大学生养成利他精神首先就要培养他们的关爱意识,或者说,关爱意识的培养是大学生利他精神培育的基础性内容。从我们教育教学实践的经验来看,培养大学生的关爱意识先要培养他们的感恩心态。当一个大学生对他周围的人、事、物产生感恩的心态,就会引发他在道德上对于周围人、事、物的同情和关怀,而同情和关怀则会进一步引发大学生对于他人和社会乃至自然界的关爱。按照这样的思路,我们在教育的过程中就要使大学生认识到,生活在现实世界之中的每个人都享受着他人劳动创造的成果,享受着社会提供的环境,享受着自然界带来的资源,因而要对生活于其中的他人以及社会乃至自然界怀有感恩之心,并以对他人、社会和自然界的关爱意识将感恩之心变成现实。另一方面,在日常的道德实践之中,产生利他观念和行为(帮助过他人)的大学生在接受到"被利他者"(接受他人帮助的人)的感激与回报之后,自然会继续实施行为。同时,此种情形还可以对那些具有冷漠观念以及产生冷漠行为的大学生产生冲击和触动,进而消解高校校园的冷漠现象,甚至还将对大学生群体之中的自私自利的道德现象形成强烈的反差和对照,进而遏制消极道德观念和行为的产生和扩散,促进高校校园良好文化氛围的形成。概言之,感恩心态的发展,会升华成为关爱意识,而感恩教育的进一步扩展则有助于大学生关爱意识的培养。我们还认为,感恩、关爱乃至博爱、大爱是关怀美德的不同层次的表现,它们逐步提升,在道德生活中所起到的积极效应也逐步升高。但由于历史、文化和政治等方面的原因,我国社会历来缺少体现"博爱""大爱"为主题的关爱意识的引导,而以"博爱"和"大爱"为宗旨的关爱意识却是"见义勇为"等利他行为所能发生的深刻思想基础,此方面的缺失也成为当前高校之中利他精神缺失的原因之一,因而还要通过德育的途径加强大学生"博爱"和"大爱"等关爱意识的培养。

二、以公共理性为核心的理性教育

高校教师不仅要培养大学生们的情感,还要培养他们的理性,与上面所说的"以感恩关爱意识为核心的情感教育"是大学生利他精神培育的基础性内容相对应,"以公共理性为核心的理性教育"也是大学生思想道德教育的重要内容。随着社会的进步,我们越来越感受到公共生活是现代社会生活不可缺少的生存环境。如何处理我们自身与公共生活的关系也是我们几乎天天都要面对的问题。从利他精神的角度来看,大学生个体在面对社会生活之中的公共问题时,不仅要认识到自身的个体性也要认识到自身的公共性,因此大学生既要理性地面对个体的生活也要理性地面对公共生活。大学生如何才能理性地面对公共生活?简要地说,就是要确立公共理性。大学生的公共理性就是大学生个体超越个人的功利目的对于社会公共事务表示关心和关切的态度,这样的态度能使大学生真正地融入社会生活。以公共理性为核心的理性教育涉及两个层面:一方面是公共生活常识和技能的教育,如通过学校对大学生进行一些必要的公共安全知识、助人解危解困技巧等方面的专业教育,这个方面主要是通过课堂之外的"大德育"实施的;另外一方面是志愿服务精神的教育,参与志愿服务不仅是大学生社会责任感的体现,更是大学生参与社会生活的特殊方式。思想政治理论课的理论教学以及实践教学等环节蕴含着促进大学生利他精神形成的巨大空间。

三、以荣辱观为核心的价值观教育

广义的利他精神既可以指利他观念也可以指利他行为,而狭义的利他精神一般就是指利他观念。当前,一些大学生之所以怀有冷漠乃至自私自利的观念,在很大程度上就是因为他们在荣辱观念上出现了问题。荣辱观念就是关于荣辱、美丑、善恶和是非的价值观，当大学生在此方面出了问题，就不会视具有利他精神为光荣，也不会视道德冷漠、自私自利为耻辱，甚至引以为荣。所以，我们当前的教育尤其要加强大学生荣辱观念的培养，要通过教育使大学生尊“荣”，重“是”，爱“美”，扬“善”，也就是让大学生知晓自私自利的态度是耻辱、丑恶和错误的，冷漠的道德行为也是需要克服的，而关心他人、关注社会，以及关爱自然才是光荣、美善和正确的行为。在这个意义上，知荣知耻是促进大学生形成利他精神的重要道德价值支撑，荣辱观教育则是促进大学生形成利他精神的重要教育举措。在深入以荣辱观为核心的价值观教育过程中最重要的就是要对大学生讲清树立荣辱观念的必要性，并通过各种情境、活动让他们体会到荣辱观念对于个人成长和生活的意义。

四、以道德榜样为核心的示范教育

可以说，利他精神是一种具有很强示范效应的道德现象。当我们高校校园出现较多利他观念和利他行为的时候，就会有更多的人效仿，进而“滚雪球”似地生成更多的利他现象；相反，当我们的高校校园较少地出现利他观念和利他行为，大学生们就会动摇自己的道德信念，降低实施积极行为的动力，利他现象也会越来越少。因而我们可以充分发挥利他精神所具有的示范作用，促进大学生利他精神的形成。至于具体的措施，我们认为“感动中国”和“道德模范”等活动应该被给予更多的关注和重视。例如，我们思想政治理论课就可以通过播放“感动中国”和“道德模范”等视频短片的形式对大学生进行相关的榜样示范教育。当然，在发挥道德榜样示范教育作用的时候，要注意道德榜样的典型性以及其与大学生日常生活的贴近程度。道德榜样如果缺乏典型性或脱离大学生的日常生活，就成为抽象空洞的教条，无人效仿，甚至还会起到负面效果。在榜样示范教育的过程中还特别要注意道德榜样确立方式的问题，也就是要处理好“自上而下”和“自下而上”两种道德榜样的关系。进行榜样示范的教育要把两种道德模范有机地结合起来,而不能偏废一方,如果偏于一方则发挥不了道德榜样应有的作用,进而易造成大学生的道德挫折感,有了道德挫折感的大学生自然不会产生利他观念和利他行为。

第三章　大学生思想道德教育中的人生观问题

通过教育使大学生树立正确的人生观是大学生思想道德教育的重要目标，因而大学生思想道德教育中的人生观问题成为非常有必要探讨的理论问题。大学生思想道德教育中的人生观问题，大体上就是如何通过教育帮助大学生树立科学的人生理想，选择正确的人生道路以及实现更大的人生价值的问题。

第一节　人生理想的问题

人生理想的形成经过反映、评价和升华三个阶段，并相应地形成自身理想、家庭理想、职业理想和生活理想等不同类型；在人生实践中，理想认同具有决定性的意义；人生所建立的各种理想，都不能脱离现实；在对待理想与现实的问题上要有积极、乐观的态度。

一、人生理想的形成

谈到理想，有一个通俗的说法叫作“梦想”。我们常常说，人生要有梦想。这个说法可以打动人，激励人，其用词常常是文学语言，有时也是确切的科学概念。我们在这里使用“梦想”一词，与生理学上讲的“做梦”是不同的。昏睡时的梦，虽然反射着一些人生的活动和臆想，有时能闪现出人生的预兆和理想，但也不无怪诞和荒唐。把这梦境当成理想，就会陷入虚无的幻想，并不能把握真实的理想，甚至要误入歧途。真实的理想则是人对未来目的、目标的有根据的预想。它的形成，在人的头脑中是一个想象的过程。所谓想象的过程，不是闭起眼睛像做梦那样去幻想，而是人脑按照不同的需要，把实存的人生根据、条件和发展前景加以理想化，借以设计出一种有待实现的理想人生模式。这个过程，一般说来要经过反映、评价和升华三个阶段。

人生理想在个人头脑中形成的第一个阶段是反映。人在生活实践中，首先产生对生活现实的感觉和知觉，有了对现实生活的感受，形成对实存人生的图景。在这种人生图景中，有价值的和无价值的东西尚未加以区分，应当存在和不应当存在的东西混在一起，因此还没有理想的东西和现实的东西的区别。例如，一个人在他没有对自己的实存进行认真思考之前，只是从直感上意识到自我的生存和活动，而没有自觉到在自己身上哪些东西是应当保留发扬的优点，哪些是不应当保留的缺点，自己应该是一个什么样的人。这时他对自己的实存还是简单的反映，只是作为一个自在的人感受着、意识到自己的生存和生活。这时他就是一个对自己“应当如何”还没有自觉，即还没有形成理想的人。可以说，这是人生的一种混沌不自觉的状态。可以说，凡是在人脑中对自己的生活还只有反映而没有形成应当如何的自觉的时期，都是处在这种没有人生理想的时期。不过，这种状态并不是完全无用，它是进一步形成理想有用的、必经的阶梯。假如一个人连对自己的人生实存这种感受都没有，他就不可能形成符合自己应当实现的人生发展的理想。

评价阶段对人生理想的形成具有关键性意义。这里的评价，是人在自己的意识中，对自己的认识和感受的反思过程。所谓“反思”,就是在自己的思维中把自己作为对象加以思考。在这里,就是人脑通过理性和情感的作用,对反映在大脑中的各种认知和感受,进行价值评价,区分出好的东西和不好的东西,应当保留的东西和应当抛弃的东西。这样就在原来浑沌的反映中有了好和坏、肯定或否定的价值区分,同时也在心理上激起“应当如何”的启蒙,使人进入形成理想的自觉阶段。凡是认真对待自己人生的人,都能够并善于经常评价自己的行动和处境,并能及时地调整自己的生活计划和行动方式,相应地、及时地改变自己。这种状态可以说是一个人从不自觉状态向自觉状态的觉醒和转变,是由不成熟走向成熟。所以它是关键阶段。

把评价看作理想形成的关键阶段,还因为评价的恰当不恰当、正确不正确,对进一步形成理想至关重要。如果对反映实存的认知和感受作出了过高的评价,即不恰当地估价了其中有价值的和应当保留的东西,那么进一步形成的理想就会受到影响;反之,也是一样。人脑对人生实存进行价值评价如何,从社会条件方面说,固然要受到社会价值观念和社会价值标准的影响,但关键还是评价主体的内在精神状态,包括理智和情感两方面的状态。这里要特别注意情感评价的作用,必须与理性的评价相结合,才能保持稳定和恰当。从道德的选择来说,也首先是理智为先。

理想形成的第三阶段是升华。所谓升华,就是人脑通过评价之后,对肯定和否定的判断、情感、情绪等作出选择,抛弃那些应该否定的判断、情感和情绪,保留那些应该肯定的判断、情感和情绪。这样就在对实存反映和评价的基础上,形成了一定的比较切实的理想意识。这时的价值目标选择就是精神的升华。因为它在善恶、美丑、肯定否定之间,作出了应该如何的选择决定。这种选择决定,集中地表现出一个人的生活态度和人生观倾向,也表现出一个人的意志和情操。这种升华过程,在每个人的意识中是经常进行的。但是,这种升华也是相对的、多元的。由于在升华过程中,支配升华过程的价值导向不同，升华过程的结果也不同，从同一实存中可以升华出几种不同的理想图式。无论对自身理想、家庭理想、职业理想还是社会理想，都可能产生几种不同的理想图式。有时从这些图式中可能产生出一种占主导地位的图式，有时也往往几种图式并存，互相参照，直到随着生活实践的发展得到实际的取舍。上述过程就是所谓最后的整合。整合是对理想意识的综合。经过综合，最后确定一种比较完整的理想。这是整个想象过程的结束或总结。经过这样的整合，在想象过程中产生的理想片断，以及局部的、并列的理想图式，经过比较、综合，最后得到完成理想的创造过程，从而达到理想的升华。

理想在人的头脑中经过三个阶段后，是否就是人生理想的确定呢？理想形成的过程是否就此结束了呢？应该说，从头脑活动的过程来说是结束了，但是从人生全过程来说，还没有完结，甚至可以说只是开始。贯彻人生全过程的人生理想，其形成比较复杂，明确和坚定就更需要较长的时间。一般来说，童年时期对人生的未来还只是幻想和憧憬，在青年和成年时期才能形成比较明确的人生理想。这是因为每个人都必须独立地寻找自我、面对自我，人生理想的稳定只有在自我意识成熟时期才有可能。当然，中年和晚年形成的人生理想往往在中间有过变化，在这种情况下，其理想往往不是形成，而是改换的问题。由于客观环境和主观精神状态的变化，人生理想发生较大变化也是有的，不过有的从落后转向先进，有的则从先进转向落后，甚至与社会前进的方向完全相背。这种变化，常常发生在社会大变动和新旧交替时期，特别是在革命和反动激烈斗争时期。在这种历史时期，由先进向落后的转换，往往就会成为历史的落伍者。所以，对于关系人生的最终理想来说，一旦确定了正确的、进步的理想，就应当一以贯之，坚定不移，直至终生。

二、人生理想的类型

社会生活是多方面的，如物质生活、科技研究、经济管理、行政组织、法制控制、政治决策、艺术创造，等等，都是由人参与的、有一定社会意义的生活。既然如此，每个人就会有不同的理想追求。一个健康、合理的社会制度，就应当在社会统一的价值目标前提下，容许理想的多样化、个性化，即要有各种不同的人生理想，不同的经济理想、政治理想、科学理想、艺术理想、道德理想乃至宗教理想，等等。只要不是邪恶的、反动的，而是正当的、追求真善美的，都有存在的必要和理由。这样就会给每个社会成员开拓一个自由选择人生理想的广阔的天地。

社会生活中的现实问题也是多方面的，人们对现实问题的认知和对未来的想象，也是形形色色的。因此人生的理想也必然呈现多层次、多方面、多视角、多元化的特点。根据认识和实践的不同需要，人们可以作出大体的类别划分。例如，有人把人生理想分为社会理想、工作理想、生活理想、人格理想；有人把人生理想分为社会理想、职业理想、家庭理想、生活理想，还有人把人生理想分为审美理想、道德理想、功利理想、社会理想，等等。这些划分都从不同的划分标准上对人生理想作了分类，有助于认识、指导人生理想的认同和选择。不过，前两种划分，从逻辑划分上看，不够严格，划分后的概念有外延的重叠和包含，一定程度上会影响对人生理想的认同和选择。如把生活理想与家庭理想、职业理想并列划分，就不太明确。家庭和职业活动，也都是生活，职业生活也是社会生活。所以这种划分很容易引起误解。后一种划分从理想的内容上说，概括了主要的东西，大体上也可以反映出人生真、善、美的内容，但划分标准也不统一，社会理想与前三者之间的概念内涵和外延也都不易分清。

我们则按照人类生活的主要方面、阶段来划分人生理想。人生理想亦即理想人生。人生有几个主要方面、几个主要阶段，人生理想的划分也就应该有相应的划分。但人生方面和人生阶段两者很难同时照顾，很难同时作为划分人生理想的标准，因此只能大体兼顾，而不能完全符合。这样说来，人生大体可以分为个人生活、家庭生活、职业生活、社会生活四方面。人生理想也可相应地分为自身理想、家庭理想、职业理想、社会理想。

所谓“自身理想”，是指个人自身素质的理想，包括知识、能力、品德所能达到的完善程度或最佳状态，也包括举止形象的完美。前一方面可概括为内在素质完善，后一方面即是外表形象完美，内外两方面统一就是人的自身理想。所谓“家庭理想”，包括正当、和睦的家庭关系，也包括丰富的经济生活和文化生活。家庭关系主要是亲子关系、夫妻关系、长幼关系，以及部分家庭中主人和佣人的关系。经济、文化生活也包括所谓“致富术”。所谓“职业理想”，是指拥有合乎现代社会发展水平的、满意的职业工作，这其中包括职业工作的性质、内容、环境条件，以及报酬和社会荣誉都合乎现代社会发展水平以及被主体满意。至于“社会理想”，包含的内容比较复杂，其中有作为政治团体和政党成员的政治理想，有国家公务员的社会政治理想，也有一般社会成员的社会理想，还包括作为人生理想基础的社会经济理想；或者概括为经济理想、政治理想、法律理想、道德理想、艺术理想，以及一定范围的生态理想等。当前，建设中国特色社会主义、实现社会主义现代化和幸福的生活，就是我国人民的共同理想，将来我们还要为更加美好的未来而奋斗。

三、人生理想的认同

以上各种类型的人生理想能否成为社会普遍承认和接受的理想？每个社会成员又是怎样形成自己的理想并作出自己的选择？这就涉及理想认同、价值取向问题。人生的理想与现实不同，它是人通过头脑对现实的认知和对未来的想象创造的。这种创造，有群体的，也有个体的。就一个社会来说，形成社会性的理想模式，是全社会共同创造和综合作用的结果；但就个体来说，却不能靠自己的头脑创造方方面面的人生理想。有些理想要由自己创造，有些理想就不能由个人单独创造，而要经过自己头脑的思考，接受他人或社会提出的理想模式。如我们说要做一个对社会主义现代化建设有贡献的人，这个理想就不能是个人单独创造的，而要经过自己的学习和认识，自觉地接受和认同关于现代化建设的理论和实践。

理想认同是指个人对他人或对社会所提出的理想模式的接受和趋同。理想认同与理想创造不同，理想认同是指个人接受、采取他人或社会所创造的理想，作为自己追求的人生理想；理想创造则是指个人通过自己的认知和想象，从自己所处的现实条件中提出自己要追求的人生理想。而理想认同与理想认知也属于不同的范畴，应加以适当区分。一个人可以认知某种理想，但不一定就认同此种理想。一个人道主义者可以认知专制主义理想，但不一定会认同专制主义。一个自由主义者可以认知婚姻义务，但一般不会认同这种婚姻方式。一个理想主义者可以认知功利主义职业理想，但在正常发展的条件下，不会认同功利主义职业理想。反过来也会是如此。认同要有认知的认识基础，没有正确的认知就不会有恰当的认同。但认知不能代替认同。认知要有清楚、如实的判断，而认同则要有丰富的经验、执着的热情和精明的利害权衡。

对于人生实践来说，理想认同更具有决定性意义。由于人生离不开理想，而个人进行理想创造的能力又有限，所以人们必须通过理想认同才能满足精神生活的需要。这就是说，理想认同是个人参与社会生活的基础和入世的门径。因此，人在青年时期，对社会价值导向、目标，不可以采取无所谓、不屑一顾的态度，而要有认真的理性思考和认同。事实上，个人的理性思考、价值取向等具有社会性的心理活动，就是建立在理想认同基础之上的。如果一个社会集体中的每个成员，都有对共同理想的认同，那就可以形成以这种理想认同为基础的统一意志和行动；而个人就会对集体的目标、决策采取比较一致的、积极的态度，为实现集体的和社会的共同理想尽职尽力。如果个人没有对集体理想的认同，就会疏离集体，思想不合拍，情绪不协调，行动不合群，就会产生心理孤独、分裂感，以致沉沦自毁。

理想认同是确立人生理想的方式，但并不是每个人的认同取向都会相同。由于人们的利益、兴趣要求不同，理想认同也会不相同；同一个人在不同时间所认同的理想往往也会有变化。各种理想认同之所以不同并发生变化，就是因为其主观的价值取向各不相同或发生变化。有这样一段寓言故事："宋有狙公者，爱狙；养之成群，能解狙之意；狙亦得公之心。损其家口，充狙之欲。俄而匮焉，将限其食。恐众狙之不驯于己也，先诳之曰：'与若芧，朝三而暮四，足乎？'众狙皆起而怒。俄而曰：'与若芧，朝四而暮三，足乎？'众狙皆伏而喜。"（《列子·黄帝篇》）狙是猴子，狙公即养猴者。芧是喂猴的栗子。养猴者开始对猴子说，早上给三个晚上给四个栗子，猴子不高兴，后来就用早上给四个晚上给三个的话哄弄猴子，猴子皆大欢喜。列子讲这个寓言，是说明智鄙相笼的道理。《庄子·齐物论》引这个寓言，也说智者应顺着猴子的心愿，或朝三，或暮四，名之谓"两行"。人们解释这个故事时，都认为这故事是说再精的猴子也精不过人，朝四暮三与朝三暮四，都是七个，颠来倒去总数没变，结果是猴子上了当。其实不尽然，如果我们从另一个角度去看，猴子对于栗子并不在于认识数目，而在于满足需要。如果需要得到满足，他们就会高兴，反之就不高兴。由此可以得出一个普遍的道理：朝三暮四与朝四暮三，都是满足需要的方式，也是个体的两种生活理想和价值取向。喜欢哪一种，对哪种生活理想认同，取决于需要、兴趣和价值取向。所以猴子自然有"猴精”之处。

人的理想认同也有类似情形。同样的生活内容，方式不同也会表现出不同的生活理想和价值取向。有人追求平稳的职业生活，有人追求流动较大的生活；有人喜欢一家老少几世同堂的大家庭生活，有人比较喜欢分家单过的小家庭生活；有人偏重独善其身，有人偏重兼善天下，如此等等各不相同。至于偏好艺术还是偏好技术；喜欢从政还是愿做学问，这就更是各有所志。每个人在生活中所获得的有意义的东西都是不同的，感受也是不同的。从有限的意义上说，人各有志，不可强求。理想认同是多元的，价值取向也各不相同，每个人的理想也不会千篇一律。只要各个人的价值取向，不违背社会进步的价值目标和基本原则，就应当允许个人理想认同和价值取向的自主和自由。只有这样，才能形成既有统一意志，又有个人自由和心情舒畅的、生动活泼的社会生活局面。当前，建设有中国特色的社会主义，把我国建设成为富强、民主、文明、和谐的社会主义现代化国家是全社会的共同理想，也是评价每个有觉悟的中国人的人生定向的基本标准。这是一个共同的、基本的标准，在这个标准之下，个人可以有自己的人生理想认同和选择，而这种个人自由的认同和选择，归根到底都是汇于一个总目标，即实现中华民族伟大复兴的中国梦。

四、理想与现实

本来在客观世界中，或者说在世界的本体领域，并不存在理想与现实的矛盾。理想与现实的分离，只是在人生领域，在人的主观世界才发生。这个分离实质上就是主观与客观的矛盾在人生过程中的反映。如前所说，客观世界作为实存，是包含着差别和矛盾在内的。对于事物的内在差别和矛盾，通过人脑的认知和想象，就在人的主观意识中形成理想，于是就发生了理想与现实的关系问题。显然，理想的形成是以现实为根据的，是现实发展的条件和主观要求的统一。也就是说，理想来自现实，现实中孕育着理想。但是，理想是通过人脑主观加工过的，是集中了现实中有价值的、有前途的东西加以整合形成的，因而是高于现实、优于现实的。特别是科学的社会理想，达到了对客观世界内部矛盾的规律性认识，能在事物发展的总体上、在矛盾运动的必然趋势上，把握事物的发展和人生的未来，就更是引导现实的旗帜、把握现实的力量。

因为理想和现实是有必然联系的，所以在人生过程中所建立的各种理想，都必须紧密地依据于现实，不能脱离现实。就像走路不能脱离大地一样，要脚踏实地，如毛泽东所说，"踏着人生社会的实际说话"。俄国早期马克思主义理论家普列汉诺夫也说过："思想要超出既定现实的界限，……可以走两条道路：第一，走那条引导到抽象领域里去的象征的道路；第二，走现实本身所走的同一条道路，通过这条道路，现实—今天的现实—以自己本身的各种力量发展自己本身的内容，超越自己的界限，比自己本身存在更久，并且为将来的现实创造基础。"①如果抛开生活中的许多特殊情况或偶然现象，人生对待理想与现实的态度也是这样。人的理想超越既定现实的界限，有时候走第一条路，有时候走第二条路。走第一条路，表明他不善于理解现实的意义，因而不能判明现实发展的方向，确立自己应当追求的理想；走第二条路，表明他能够理解现实的意义，解决了现实中的困难问题，看到了未来发展的前景。但是，另一方面也不能把理想和现实等同起来，把理想归于现实，消融于现实。实际上，把理想归于现实就是取消理想，也就是取消人的前进的目标和主观能动性，其结果或对现实昏然粉饰、随波逐流，或者是与假恶丑的现存人事同流合污。由此可见，不能因理想是有价值的、完善的，就只去赞美理想，蔑视、诅咒现实；也不能因

---

① ［俄］普列汉诺夫：《普列汉诺夫哲学著作选集》(第 5 卷)，生活·读书·新知三联书店 1984 年版，第 531 页。

现实是实在的，理想只是将来的设想，就认为理想只是虚幻的，因而摒弃一切理想。这两种倾向都不利于打开理想与现实沟通的心理症结。

这里需要注意：所谓“现实”，并不就是直接看得见、摸得着的现象，也不等于具体的实存。现实的东西比现象和实存更深刻、更广泛。在现实中包含着事物的本质和实存，它是本质和实存的统一。事物的本质是该事物实存的根据，因此其发展过程就体现着必然性。近代德国大哲学家黑格尔有句名言：“凡是合乎理性的东西都是现实的；凡是现实的东西都是合乎理性的。”①用辩证唯物主义观点理解黑格尔所说的“理性”，就是说，凡是现实的都是有其存在的根据和理由的，而凡是有现实存在根据和理由的在其发展过程中也终将变为现实，因为它本身包涵着发展的根据和条件。那种把现实看作表面现象堆积的观点，只是肤浅的识见，并不是真知。哲学的思考要求深层的探索，透过现象看到本质，从现实中提炼理想，并紧紧把握实现理想的根据和条件。

那么，什么是正确的、真实的理想呢？正确的、真实的理想，就是符合社会发展要求和实现根据和条件的、具有可实现性的理想。就实践结果来说，可以实现的理想就是正确的、真实的理想，不可能实现的便是不正确的、不真实的理想。有现实根据的、合理的理想是可以实现的，因而是正确的、真实的；没有现实根据的、不合理的理想是不能实现的，因而是不正确的、不真实的。这就是说，理想是否真实，不仅在于它是否符合现实，而且在于它是否包含着理想的根据和条件，是否可以通过实践而转化为现实。人生的理想不同于一般客观知识之处，就在于它不只是通过观察证实是否符合现实，更在于通过实践是否可以转化为现实。一般来说，凡是能

---

① [德]黑格尔著，范扬、张企泰译：《法哲学原理》，商务印书馆 1961 年版，第 11 页。

够转化或最终能够转化为现实的就是真实的、正确的理想；反之，就是不真实的、不正确的理想。

理想自身包含着现实性的可能性。理想从可能性变为现实，要依据现实中的根据和条件发展，并不是建立在空想、幻想之上的。一般来说，在现实中具备了发展根据和条件的，就有可能变为现实。但是，并不是在一切情况下都能充分展开现实中的根据和条件，提供发展的一切可能性。从可能性向现实性转化的一个决定性条件，就是人的主观能动性的发挥，是人积极争取实现理想的努力。这就是说，现实与理想的因果联系是以实践为中介的实际联系，不经过实践这一实际环节，现实与理想之间不可能发生因果联系，并实现由因到果的转化。在实践过程中，由于人们对实践的主观条件和客观条件不可能百分之百地认知，由于主观条件也可能因不同的情境而有不同程度的发挥，因此人们对理想实现可能性的把握，也只能是近似地达到准确或“有把握”，而不能绝对准确，绝对的“有把握”。就是说，理想的实现只能包含着人为因素的一种可能性，而不是像自然界事物发展那样的必然性。因此，任何实现理想的实践，都带有一定的预测性、探索性，因而也都具有一定的冒险性。这就是为什么社会改革事业往往不能完全避免有曲折、有失误、有风险的道理。从这个意义上说，人生就是寻求，就是探索，一定意义上也要冒些风险，这也可以说是一种对人生的“看透”。

五、乐观与悲观

在对待理想和现实的关系问题上，特别强调要有积极、乐观的态度。生活态度是决定人生的主观因素，是人生目的、目标能否实现的必要条件。一个人的人生选择是成功，还是失败，可以说生活态度决定了一半。成功者与失败者可能有许多差别，但有一个重要的差别就是生活态度。成功者始终用积极的思考，抱着乐观的精神,充分调动一切有利的因素,支配和控制自己的人生;而失败者则总是受种种消极思想和疑虑、悲观的情绪支配着,看不到积极因素,打不起精神,成了悲观情绪的奴隶。从这个意义上说,一切取决于用什么精神和态度去把握自己。事实证明,凡是生活高效率和有大贡献的人,无不与他们的积极、乐观的生活态度相联系;反之,消极、悲观的生活态度,必然使人生低效率,事业上很少成就。当然,有了积极的精神和生活态度,并不能保证事事成功,但是没有积极的精神和生活态度,事情必定不能成功,即使偶尔得幸,持续的成功也是不可能的。

乐观与悲观,表现着两种不同的人生态度和生活情绪。这里包含着理智的方面,也包含着情绪的方面,以及两方面的相互作用。从理智的方面说,乐观与悲观,都是对人生的一种"观",包含着对人生理想目标和实现理想目标的条件的看法、洞见。人生活动要有理智的指导和主宰,没有理智的指导和主宰,就会盲目行动。如果人生活动是在正确认识客观条件和主观条件的基础上,洞见理想目标实现的必然性与可能性,就会对人生充满信心,对生活抱着乐观的态度。反之,就会失去信心,产生悲观的生活态度。所以,理智判断或洞见的正确与否,对人生态度如何具有决定性作用。从情绪方面说,乐观与悲观又都表现着人生的一种"情",体现着人们对待理想目标的情绪和情感。情绪对人生态度有直接的影响,往往比理智更活跃,更有力,但是也因此而不如理智的作用更稳定,更持久。如果没有理智的判断和洞见,单纯的情绪却是盲目的,忽冷忽热,时悲时喜,都不是正常的人生态度。根据一般生活经验,单从情绪的乐悲上说,乐观与悲观都可能错误。在这种情况下,正常的态度应当是冷静思考,正确判断,保持清醒的头脑和稳定的情绪。从上面的分析可以看到,悲观与乐观的基础是理智的判断和洞见,而不只是情绪的激动或消沉。所谓乐观,实质上就是指理性的判断、正确的认识、健康的心理,而不是指没有理智根基和健康心理的情感。情感、情绪，只是理性态度的表现，在情绪和情感的背后，还是理性的认识。所以，不能只从情绪、情感上分析乐观与悲观，得出理智或理性都不可取的结论。当然，也不能忽视情感和情绪的作用。

一般来说，乐观与悲观是与人们对理想目标实现可能性的认识明暗相联系的。悲观主义人生态度，常常是从不能正确对待现实和理想开始的。悲观主义有时表现为夸大客观条件的决定作用，消极地看待现实条件中的不利因素。前者往往表现为在理想与现实撞击失败而感到失望时，走上悲观厌世的道路；后者往往是面对人生艰难和生活痛苦的时候，以为人生就是痛苦。而一个现实感很强的人，能够根据对现实的深入观察和思考，正确分析实现理想目标的客观条件和主观条件，认清理想目标实现的真实可能性和必然性，他就会对前途充满信心，并对生活抱着乐观的态度和高亢的情绪，去积极促进可能性转化为现实；或者创造条件，使根据不足的可能性变为有充分根据的真实可能性，并全力以赴争取实现夙愿。这样的人就是真正的乐观主义者。他的乐观不是盲目的，而是建立在对现实的科学分析和理想预见之基础上的。他的理想就是有把握实现的明天的现实。他之所以能够乐观，从客观方面说，在于他所要实现的理想目标是根据现实发展的要求提出的，因而符合现实发展的必然趋势；从主观方面说，他清楚地认识到现实的要求，自觉地把现实要求作为自己的使命，并充分掌握实现理想、完成使命的条件，因而能够以极大的热情和毅力去完成使命。当然，一个乐观主义者，在生活中有时也会有悲哀、痛苦，但是他决不为这种情感所左右，也不会因此而悲观，而是以理智驾驭情感，发愤图强，把悲哀和痛苦变成奋起拼搏的力量。

第二节　人生道路的问题

世界上本来没有路，路是人走出来的，是人闯出来的。人生所走的道路，就是人生理想实现的过程。如果说理想是人生所要寻觅的目的，那么人生道路就是达到目的的过程。人生的道路是具体的、复杂的，可以进行多视角的考察；既可以从人生阶段上进行考察，阐明各个阶段上人生的使命和责任，也可以从人生内容的各个方面去考察，说明求学、恋爱、工作、成家、立业、报国等方面的正确道路，还可以探讨人生道路上普遍存在的一些问题，说明应该如何对待自立与合群、利己与利人、竞争与合作、奋斗与成功等问题，总结经验，阐发哲理，启迪人生。我们这里主要采取后一种角度，力求结合前两种角度，对人生道路提供一个比较全面的理解。

一、自立与合群

自立与合群，是人生道路上的第一大问题。人要能生存和发展，必须能自立，能合群。不能自立与合群，就不能生存和发展，也就无所谓人生。因此，正确地认识和对待自立与合群的问题，对人生各个阶段和各个方面的发展，都是至关重要的。

人要能在世上生存和生活，首先必须能自立。自立是个人发展和完善的根据，是一个人的自强能力和独立人格的体现。人之所以为人，从其个体的存在来说，首先是一个有肉体、有意识和思想的存在。而且只有当他依靠自己的意识和力量存在的时候，他才是独立的。人的自立能力和精神是贯穿人生全过程的，但在人生的不同发展阶段上，自立的性质和内容都有其特殊性。人生的自立在未达到成人之前，总的来说，还不是全面的、完善的自立。全面的、完善的自立应该是能力自立与人格自立的结合。这种全面完善的自立，一般来说，是在摆脱了对父母和教师的依赖之后，在能够生活自理并进而能够自谋生活开始的。这是不用拐棍儿自己走路的自立。这种自立的形成,是人生从童年进入青年、再进入成年的标志。

自立重在立身。立身是指个人对于自身成长和事业的认识和把握,能够独立生活。立身就是自立。立身是每个人在人生道路上都必然要经历的磨炼,任何人都不能逃避,否则就不能自立成人。事实上,一个人从儿童进入青年时期,就开始了自立的过程,就要谋求生存的手段和技能。全面的立身自立,应当是从青年时期开始的,特别是青年的成熟时期,即所谓成年人时期。不过,这里说的“成年人”,主要是从人生发育阶段上说的。从人格上讲的“成人”,要求要更高一些。一般地说,其是指德才兼备,或具备孔子所说的“智仁勇”。首先是德操,有了德操,做人就有了定力,做事就能担当和应对。荀子说:“德操然后能定,能定然后能应。能定能应,夫是之谓成人”,且应“生乎由是,死乎由是”(《荀子·劝学》),终其一生,一以贯之。

人生一旦达到成人时期,就进入比以前更为复杂的社会关系和活动,就要承担多方面的社会责任,包括家业和事业。因此在此后的生活过程中,不论是哪个方面或哪个时期,都有一个贯穿自我的德操和人格,具有应对和担当的能力。具体地说,一个成熟的人,其自立不仅表现为能够自主学习、工作、齐家、立业,而且还具有立身处世的成熟的德操和人格。作为个人的社会特质和内在倾向,德操和人格始终是人生立身的脊梁。

自主的学习是青年自立的首要标志。人一生都离不开学习,但人生各个阶段的学习意义是不同的。儿童时期要学习,但只是初始的、被动的学习。青年时期是人一生中学习最集中、最重要的时期。因为青年时期不仅精力最旺盛,而且是开始独立地承担社会责任,准备或直接代替老一代履行社会责任、勇于担当的关键时期。青年时期的学习,主要表现为自主学习,即自觉地、主动地为实现理想目标而学习，不像儿童时期依靠家长和老师的督促。特别是学习中的独立思考和创造性的研究，更突出地表现着青年时期的自立和自强。所以，青年时期就是立业的开始，也是立志成人、博学成才的开始。中国传统道德讲自强是很严格的，认为一年是离经辨志，能读得经书，辨别义利；三年敬业乐群，知道如何做事，如何处人；五年博习亲师，知识广博；七年类学取友，能见贤思齐，择善而友。这还只是“小成”；九年知类通达，这才是“大成”。到“知类通达”的程度，才能“自强不反”，也就是荀子所说的德操铸就并能定、能应的“成人”。

人到了青年时期，随着身体的发育和性机能的成熟，会产生对异性的要求。性欲作为一种生理欲求，具有动物性，是“类行为”发展的规律，它本身纯属自然。人的这种性机能构成了爱情萌发和维系的自然基础。但是，人的爱情却不是仅以这种生理的、自然的性欲为条件的。如果仅是这样，那种“情”就只是停留在同动物一样的水平上，或者说仅仅是一个自然人的性欲的表现，而不是爱情；真正的爱情是以相互倾慕、互爱为基础的。其中包括对异性的生理要求，但更主要的还是互相倾慕的情感，是真实的认识和具有道德意义的精神沟通。正是这个方面体现着人之为人的本性，体现着人生的自立精神和人格。一个人如果不能在这个情感、精神方面具有自立能力，他就不可能有正当的爱情，不可能处理好对异性的恋爱关系。爱情的力量，只能在非性欲的情感和人格中存在，并得到健康、持久的发展。

爱不仅表现个人的自立，同时还表现着人的合群能力。按中国古代文字的表达，人与仁是同义的。仁即是二人的结合，只有二人结合才能成人。这里是指男女二人合作，也包含男女阴阳合和的意义。所以，爱就体现着合群、结合。但是，爱的合群不仅是自然的、生理的结合，更是有意识和思想的社会的结合，是抱着相互爱慕的感情和终生为伴的目的的精神的结合。用黑格尔的话说：

"所谓爱,一般说来,就是意识到我和别一个人的统一,使我不专为自己而孤立起来;相反地,我只有抛弃我独立的存在,并且知道自己是同别一个人以及别一个人同自己之间的统一,才获得我的自我意识。"①黑格尔的话就是说,爱是自觉地、有意识地、自愿地与对方的结合;是为他的,而不是专为自己的结合;个人与他结合,为他而存在,才不是孤立的、残缺不全的;个人只有把自己归属于对方,才能肯定自己的生存,证实自己是一个人。显然,这里还包含一种伦理的意义,就是双方作为自愿的结合者,不仅要能够表现自己的爱,而且还要善于处理爱情关系中的矛盾,善于维系爱情的关系,保持自己对对方的责任和义务,学会怎样保持、巩固和发展这种爱。因此,爱情关系就包含着一个人的自立的能力与相互合群、维护双方各自责任和义务的能力。所以,严格地说,"婚姻是具有法的意义的伦理性的爱"②。这样就可以消除婚姻中那些反复无常的不法的因素,建立稳定和谐的家庭。

成人自立与合群的第二个基地是家庭。家庭作为以血缘亲情为纽带的生活共同体,具有多方面的职能,如组织家庭成员共同生活、获取物质生活资料、延续家族人口、进行家庭成员教育,以及参与社会活动等。这五种职能表明家庭是社会的一种基本单位。因此,建立一个家庭,对个人来说不仅是使爱情变为正常的伦理关系,而且是使人进一步承担社会责任,促进人的自立与合群能力的发展。应当理解,置身于婚姻关系并委身于这种伦理关系的,不只是身体,根本的乃是人格。家庭作为爱情和缔结婚姻的结果,不但意味着爱情的继续和发展,而且意味着新的责任意识和人格的形成。

---

① [德]黑格尔著,范扬、张企泰译:《法哲学原理》,商务印书馆 1961 年版,第 175 页。

② [德]黑格尔著,范扬、张企泰译:《法哲学原理》,商务印书馆 1961 年版,第 177 页。

这里有两个方面：一方面，相爱者彼此结婚而不是同任何别人结婚，是他们各自作为自立的人的权利；另一方面，他们结婚后继续相爱，以爱维系家庭关系，以亲情维系家庭共同体，是夫妇具有法的意义的义务。没有爱不能成家，没有义务也不能成其为家。这就是恩格斯所说的："如果说只有以爱情为基础的婚姻才是合乎道德的，那么也只有继续保持爱情的婚姻才合乎道德。"①这里所说的"继续保持爱情"，就是已结婚的夫妇双方应尽的义务。从这个意义上说，在爱情并非完全消失的情况下，轻易因为某些不合或争议而离婚，并不表示一个人的自立能力；相反，正是表明他不善于自立，不能很好地尽到自己应尽的义务以保持自己爱的权利。这种自立能力尤其体现在作为一家之主的长辈身上。家长是家庭的代表，家的五种职能集中体现在他或她的身上。当然，作为父母来说，各有各的职责，也各有自立的要求。只有家庭成员各个都能自立，家庭共同体才能更坚强、更兴旺。但是，从家庭发展的更高要求来说，夫妻双方，以至于子女，应当趋于人格同一化，也就是成为"一家人"，成为团结友爱、兴旺发达的家庭和家族。这就是作为共同体的伦理精神。

爱情与家庭是人生不可缺少的组成部分，是人生道路上的两个重要关口，如果没有正确的认识和妥善的处理，必将影响一生的幸福，造成终生的遗憾或悲剧。在人生的几大领域中，还有高于并重于家庭的领域，这就是社会事业的领域。所谓"事业领域"，包括很广的范围和长久的时间。在现实生活中，事业和职业体现着一个人的社会关系、地位和使命。因此在事业和职业中，特别要求个人在能力和人格上，能够承担起特定的社会关系所赋予的责任和使命，也就是要求个人要有承担一定权利和义务的资格。人无才，心思不出；无胆则行动畏缩；无识则不能取舍；无能力则不能自立，

---

① 《马克思恩格斯全集》第21卷，人民出版社1995年版，第96页。

不能成就事业。人的事业和职业活动，不仅将在大部分人生时间里去实现理想目标，创造社会价值，而且要求个人实现人格的完善。一个具有自立与合群能力的人，在自己的社会事业和职业中，通过自己的劳动、创造和与他人的合作，为社会创造出物质财富和精神财富，同时也就是进行着自我人格的塑造，实现人生的价值。

人在成就事业的过程中，都会有许多痛心和纠结的事。对此务求心胸豁达。所谓“豁达”，就是遇事想得开，看得透，冷静对待，尽人事后则泰然处之。在工作中，同事相处，不要心胸狭窄，事事较“真”。如发生纠纷，可采取宽容、谅解态度，不必惟是必争，得理不饶人。人际关系之事固然也有是非曲直，但更多的还是感情，友谊与合作。因此，除非涉及重要的原则问题，要重在沟通说理，同时注意分寸，维系友好合作关系。应当记住：在任何工作单位，都有这样那样的利益纠葛，友情往往比一些你多我少的利益更珍贵。事事计较吃亏占便宜，结果反会造成同事关系紧张，影响工作，加重自己的心理苦恼。生活的经验证明，无论在单位还是在家庭，能事事宽容一些，超脱一些，豁达一些，就能坦然自处，友善共事，事业有成。

二、竞争与合作

竞争与合作是相互联系的。在事业的进行中，有时要单干，有时又需要与他人合作，如在遇到个人无法克服的困难时，与人合作、形成集体，就比单干更能克服困难，获得成功。在多人的合作中，人们可以化解困难，同时保持自己的独立。在集体的合作关系中，个人可以实现既有个人活力又有集体相互配合、相互促进的发展。应当说，与集体合作是成年人成熟的标志和应有的本事，不懂得集体合作和不善于集体合作，是做人还不成熟的表现。许多成功事业的经验说明，在事业的进展过程中，每个人必须学会在与他人的合作中独立，同时又成为集体的一员。有些职业或事业的活动，可能表现为单干的形式，如书画创作、陶瓷雕绘、乐器独奏等，但这只是这些职业或事业活动的一部分，而不是全部。就其全部来说，它们都有需要与他人配合的活动内容，其创造活动也都离不开或大或小、直接或间接的群体协助；至少有一条是无疑问的，即他们个人离开制造和提供原材料的社会群体就不能成就自己的作品。可以说世上的各种职业或事业，都必须这样那样地依靠群体或集体的力量，互通有无，互相配合，才能完成自己的创造，实现自我的价值。事实上，每个成功者的道路都要经过三个相互联系的阶段：独立—依赖—更高的独立。这也就是独立、合作和个人成就的过程。

合作需要有诚意。与人合作要多想别人和集体的需要，不能老是想着自己，这样就会得到别人的信任和帮助。当然，与别人合作有可能上当，也有可能因合作者不默契而使事业不成，也可能使自己也变得不诚实。但是，经过一段人生的磨炼，见过一些世面之后，就会明白：做人如果不诚实有信，内心世界就会不平静、不踏实，也不会得到别人的信任。人们终究会明白那句中国古训："人无信不立"，失信即失人，只有诚信做人，善与人同，才能立身成人，成就事业。

合作还要讲究方法。在寻找和选择合作伙伴时，可以采取逐步推进的方式，使合作程度分阶段加强、加深。可以先进行试验性合作，有条件的合作，即考虑到一定条件下解除合作的可能性。这里要区别朋友关系和集体合作关系，两者不能等同。朋友是忠诚的伙伴，集体合作者并不一定是朋友；前者是个人对个人的关系，后者是个人与集体的关系，尽管这里也要通过个人间的合作，其情况有所差别。把两者简单地等同起来，可能会遇到情感的困惑，对前者会损伤朋友的真情，对后者则会感到难融的苦恼，这对集体合作和朋友关系的发展都会碰到尴尬。

有些合作得不好的社会群体，情况比较复杂。它们不乏有能力的人才，也有一定的集体合作条件，但是却不能实现有效的集体力，其原因可能是多方面的：有的个人竞争性强，集体合作搞得不好；有的强化集体合作，而个人竞争性发挥不够；有的集体的领导不力，等等。那么，有好的个人竞争又能集体合作的人生能否实现呢？理想的模式固然难说，但在现实生活中，这样的情况不但可能而且还是真实存在的。在我们社会各界，都有许多先进的单位和个人，都能够顾大局、识大体，在发挥个人积极性的同时，努力完成集体和社区的建设任务，促进集体和社区共同事业的发展。这样的先进单位，大体上形成了一种既有集体统一意志、又有个人心情舒畅的动态和谐局面。我们的多种卫星上天，各种高难度的项目成功，既有个人超群的技能，又有严格的集体合作，这就是最有力的证明。总之，在人生过程中，既要敢于竞争，善于竞争，也要敢于合作，善于合作，把竞争与合作统一起来，以积极的态度成就个人的事业，并推进共同事业的和谐发展。

三、利己与利人

人的本质是在社会关系中体现出来的。人生的境界、权利和义务的统一，也是在个人同他人、个人同社会的关系中体现出来的。这里，最能体现人生道路的，是如何对待个人与他人、社会的利益关系。人生的道路，不论是重理想或重实惠，实际上都表现着一定的功利性追求，或者说都是在功利的基础上表达和实现着人生的追求。从这个意义上说，人生的道路，就表现为如何对待个人与他人、个人与社会的利益关系。

人生要不要利益？要不要讲实利？正常的人都会作出明确肯定的回答。人生要利己，还是要利人？如果不是挑剔问题提法上的毛病或对概念发生误解，那么正常情况下的回答也只能是两者都要。人生就是自利与利人的统一。这里所说的“利己”，是在人生必要的、正当的需要意义上使用的，犹如个人往自己嘴里吃饭，它同“自利”是同义的。这里说的利己、自利,都是指人生的需要这种科学事实,不是道德诫命。从这种意义上说,它不同于自私、也不等于利己主义。“自私”这个概念包含着只为自己而不顾别人、甚至损害别人的意思。自私与善没有共通之处,因为善之为善是以不自私为前提的。我们平常说“某某人自私”,就是对某人为人处事的道德品质的批评,也包含着对他的行为品性的评价。而利己、自利则不包含只顾自己不顾别人的意思,因为它不是以利己、自利为根本行为准则对待人己关系。利己、自利在合理的社会利益关系中,在正义的法律和道德的范围内,就是正当的个人利益。所谓合理,就是利己与利人统一、自利与利他统一。这正是公正的社会法律和道德的普遍性、广泛性要求。

历史上的哲学家、伦理学家,都是以不同的方式和方法,论证人生利益的合理性的。有些理论强调个人利益,但也不肯定极端利己主义,否认他人和公共利益,而是主张合理利己,或者主张利他主义,或者强调利己与利他的平衡,或者强调公共利益为上。也就是说,中外思想家所肯定的,就是自利与利人,利己与利公的结合、平衡,或协调。义与利并不是针锋相对、水火不相容的。在实际生活中具体情况虽然比较复杂,但只要分清公利和私利,权衡大利和小利,就不难找到道德把握的界线。当然,问题在于当遇到利益冲突时如何对待,以什么为本位和原则来解决冲突。在这时,一定的道德意识和境界就起着支配作用,有时往往需要极强的道德意志控制自利的欲求。在自利与利人、私利与公利发生矛盾时,是先人后己、先公后私?还是先己后人、先私后公?抑或损人利己、损公益私?抑或舍己为人,舍己为公?人生每一步几乎都会遇到这种十字路口的选择。

先人后己与先公后私,是与自利利人、利己利公一致的或兼顾的选择,这是正常的、正当的。但要注意,先公后私的“私”,指的是正当个人利益,并不是指利己主义、自私自利。如果指后者,那么无论放在前或放在后都是错误的。先己后人、先私后公,这是比较低层次的选择。就其先顾自己,后顾别人和公利而言,是自私的选择;但就其没有损害他人和公利而言,在一定程度或在结果上还是正当的选择。但"先私后公"也是指正当个人利益,而不是自私自利。不仅如此,这种取向的境界也时时埋藏着一种危险性,即"先己""先私"实际上是以私利为标准去权衡利益得失,在发生冲突时就会以损人利已、损公益私的手段实现自我利益。损人利己与损公益私,这种选择之不道德是古今共谴的。不仅道德谴责,法律也不容。所以做这种人生利益选择终究逃不脱害己的命运,或受他人、社会的惩罚,或受自己良心的谴责。自私自利必不长久,也无真正的快乐和幸福可言。

问题是如何看待大公无私?有的学者提出,大公无私不过只是"完美邈远的理想",而假私济公才是"切实有效的方法"。如果放在我国20世纪40年代的社会条件下,这样说还过得去,但推广于现在则难以说得通。但是,"大公无私"也绝不是"完美邈远的理想"。这里要明确,大公无私的"无私",并不是不要个人利益,而是反对自私自利,反对损人利已、损公肥私,要求人们对人对公,公正无邪。从这个意义上说,"大公无私"并不是高不可攀,远不可及的理想,它就在普通人的公正无邪的日常行为中,就在千千万万人的正义事业中,当然更在模范人物和高尚行为的品质和人格中得到集中体现。

人们常常把"先公后私"与"大公无私"区别开来。其实这两种道德要求是一致的,同属一个层次。先公后私的"私",与大公无私的"私",不是同一个意义。前者是指正当的个人利益,后者是指自私自利。两个提法是从不同角度提出的要求。前者是反对自私自利,损人利己的思想和行为,后者是提倡办事以公为重,先公后私,私事服从公事,也是反对自私自利的思想和行为的。因此,两者应当既是现实的行为原则,是可行的道德要求,同时又是理想的道德要求，是人们应当努力的方向。人们在处理个人与他人、个人与社会的利益关系时，要尊重先公后私、先人后己的原则，同时必须坚持大公无私的原则；而坚持大公无私的原则，在具体处理公私事务和利益关系时，也往往就要做到先公后私、先人后己。这是一致的道德要求。不能说先公后私就低于大公无私，大公无私就高于先公后私。

如果人们能够全面地、冷静地理解上述用语，就不至于在对待利益关系的选择和价值取向上，产生过重的心理不平衡，也不会在人生的十字路口上停下来，责怪生活提出那么多应当如何的要求和理想人生的选择。理想人格，大公无私的浩然之气，不是乌托邦空想，它是正当的行为中所包含的道德价值的集中，是高尚品德的人所具有的人格特质。一个人一生做到时时事事高尚，是难以的做到的，所以理想人格的完美，只是相对的、比较而言的典型。但是，就个人的行为品性来说，高尚的价值并不是不可企及的。在适当的条件下，只要人们愿意和决心去做，都是可以做到的。对于畏难者、自私自利者来说，当然是做不到的。其所以做不到，不是不能为，而是不愿为，只要他愿为就能做到。这就是孔子所说的道理："仁远乎哉？我欲仁，斯仁至矣。"(《论语·述而》)这个道理至今仍然是值得人们深思的。

四、奋斗与成功

人生没有现成的路，路是个人闯出来的，也是众人走出来的。就我们的社会来说，社会环境以及社会共同理想给人们指出了共同的路，或者提供了开辟人生道路的大环境和多种机遇。但是就个人来说，实现人生目标的道路还要靠自己走，任何人都不能代替。每个人都必须在社会主义现代化建设中树立开拓进取的探索精神，发挥自己的潜能，实现自我的价值。在这个意义上说，走自己的路，自我奋斗、自我实现，都是一个意思。它们只是表示个体人生发展的形式，并不意味着自私或无私。人生就是奋斗，就是通过奋斗服务群众、贡献社会的自我实现过程。晚清学者王国维在《人间词话》中讲过人生三境："昨夜西风凋碧树，独上高楼，望尽天涯路"是第一境；"衣带渐宽终不悔，为伊消得人憔悴"是第二境；众里寻他千百度，蓦然回首，那人却在灯火阑珊处"是第三境。三境递进，由远及近。第一境为立志高远，渴求理想，饱尝孤寂；第二境为艰苦奋斗，执着践行，百折不挠；第三境为水到渠成，实现理想。三个境界相互贯通，相得益彰。坚持三境固然不容易，但只要坚持不懈地努力，达到三境并不是不可能的。只要经过三境的实践，就是人生的自我奋斗，自我实现。

再者说来，人生道路既然是复杂的、易变的，有必然性也有偶然性，因此不可避免地会有顺境和逆境。良好的社会制度和环境，总体上给人生准备了顺利成长的道路，但就个体的人生活动来说，由于条件的复杂和易变，由于各种随机因素的难以把握和个人的行为选择不当，仍然不可避免会有挫折和逆境。这里强调逆境对人生的影响，并不是说身处逆境就不能成功。逆境只是给人生造成了不利的条件，但条件是可以为人所利用的，有些条件也是可以改变的。不利的条件经过人的主观努力，往往会成为人们创造有利条件的催化剂和发奋图强的助力。事实上，条件的困难和艰辛，方能显出强者的精神和力量。中国古代思想家往往强调"逆其性"，教人逆着自己的心性做事。这是为什么呢？魏源有个解释值得注意。他说："逆则生，顺则夭矣；逆则圣，顺则狂矣。草木不霜雪，则生意不固；人不忧患，则智慧不成。"①"逆则生，顺则夭"，这话说得很重。"生"是生存，"夭"是死亡。处逆境会使人更加顽强地生存和生活，这容易理解，但处顺境怎么就会使人夭亡呢？因为处逆境使人精神振奋，发奋图强，增长智慧，趋向圣明；而在顺境中生

---

① （清）魏源：《魏源集》（上册），中华书局 1976 年版，第 39 页。

活，就往往会使人精神放纵，狂妄不羁，甚至不能立身成人，岂不等于夭折！魏源这段话，不是说顺境绝对不好，逆境绝对就好，而是教人辩证地对待顺境和逆境，看到顺境对人生有消极的作用，逆境对人生也有积极的作用，要从积极的方面去对待逆境，甚至逆着心性给自己的人生选择个逆境，以造就非凡的人生。这里重要的是积极地对待逆境。人生要奋斗，就会有逆境，逆境如草木经霜，孕育着茁壮成长。如上是生存和生长的一个普遍规律。对一个国家、一个民族是这样，对于一个人的成长也是这样。

要奋斗和成就事业，就要有一种雷厉风行、坚持到底的作风。我们做什么事情，想到要做的时候往往是最适当的时候，是主客观条件最好的时候。如果错过机会，实行的机会就不会再来；如果现在不去行动，错过最佳时机就很难再能做到。当然要按照做事的法则去做，才能取得成功。

成功的法则要依事而定，但也有普适性的法则：其一，要有目的。做任何事情都要有明确的目的。经营事业就是经营目的，实现事业自身。其二，要有准备。凡事预则立，不预则废，有备才能无患。准备在于精心、周到、充分。其三，要有顺序。顺序是事业的过程和程序。做事没有顺序和秩序，就达不到目的。其四，要有方法。方法是手段，是成功的最短距离，也是成功的关键和结果的保证。没有正确的方法，事情也不能成功。其五，要有始有终。做事要有始有终，才能通畅而有结果，否则就会事与愿违。切记《大学》的忠告："物有本末，事有终始，知所先后，则近道矣。"

第三节 人生价值的问题

人生价值问题是在讨论人生理想和人生道路的基础上，对人生意义的反思。如果关于人生道路的讨论偏重于人生经验和人生常识的陈述，那么关于人生价值的讨论则偏重于深层的理性思考，又带有任何哲学都有的理想性。当然,人生价值的讨论也不能离开经验和常识。在价值层面考察人生,自然要注意对价值概念的正确理解,但如果不苛求价值概念的逻辑定义,我们就可以把人生价值看成一个从生到死的整体和过程。正确认识人生价值要把握以下几个难点:如何摆正自我与社会的关系,如何把握内在与外在的定位,如何理解应有与实有的辩证,如何兼顾评价的主观与客观。

一、摆正自我与社会的关系

如果说,价值是人的活动的一定的社会存在方式,人生价值就是人生活动所体现的功能及其社会意义。就其一般的社会内容来说,人生的价值就是人们通过一定的社会活动和劳动所尽的责任和所作的贡献,犹如人生一路走来所留下的脚印和时间再现的投影。

人生价值,首先是作为个体的自我价值表现出来的。一般说来,自我价值是指自我对其本身的肯定或否定的关系。哲学家们曾用一个简单的公式表示"我＝我",但被后来的哲学特别是马克思主义哲学所批判。人类的历史证明,人生首先是以自我的个体生存形式存在的,是"为我的存在"。从思想和欲望上说,人只能是以个体的形式自己思考,自己吃饭,不能由别人代替。但作为社会的存在物,人的存在和生活要依赖于一定的条件,特别是要依赖于生育和生长所必需的亲子和人伦关系,因而自我不可能是孤立的、绝对的存在,不可能画上数学的等号,而只能是作为一定的社会关系而存在的个人。"为我"的个人同时也是"为他的存在"。用马克思的话说,人就是"作为社会的化身存在的",个人只能是社会(包括家庭)的存在。也就是说,在马克思那里,不能把作为个体的自我与其所处的社会割裂起来。个体生活的存在方式,必然是人类生活的较为特殊或较为普遍的方式,是带有个性特征的个人。从这种观点出发，马克思和恩格斯以及后来的马克思主义理论家，都不是抽象地理解“自我”，而总是把“自我”理解为在一定社会关系中活动的有个性的个人。因此，“自我价值”这个概念，也就意味着个人价值或个人的自我价值。

作为一个人所具有的自我价值，并不能理解为这个人所具有的孤立的绝对价值，它不是这个人自身对于其自身的关系或者这个人自身满足其自身需要的价值，而是把这个人自我与其所处的社会相关联的价值。在这里，当然也可以分析个人的“自为价值”或“为我价值”。但进行这样分析如果抛去自我与社会关系的视角，或者离开人们的社会实践，就是没有实际内容，也是没有现实意义的。“真正现实的人”的存在，就是马克思所说的“他为别人的存在和别人为他的存在”①；人和人之间由于需要的联系而成为互相依赖、互相服务的存在。在这个意义上，个人的自我价值就取决于个人在一定社会关系、个人和他人关系之中所尽的责任，以及满足社会需要的劳动、创造和贡献。因此，劳动、创造和贡献，就成为一个人人生价值的基本标识。

每一个正常的人，都能够在多方面为满足他人和社会需要作出自己的贡献，因此也都具有多方面的价值。在这种互相对应的关系中，作为客体的个人是满足社会需要的手段。一个人对社会所作出的劳动、创造和贡献，体现着他的自我价值，其中也包括他人或社会给予他的肯定评价。对于个人来说，谁的人生活动符合这种满足社会的需要，谁就具有正价值和正能量。谁的贡献大，谁的价值就大，谁的正能量就大；谁的贡献小，谁的价值就小，谁的正能量就小；谁没有贡献，谁就没有价值，谁就没有正能量。如果损害社会和他人，破坏社会和他人的正常生活，就只是负能量、负价值，要被社会和他人所否定。

---

① 《马克思恩格斯全集》第 42 卷，人民出版社 1979 年版，第 121 页。

个人与社会密不可分。社会自然要依靠社会中的全体个人，个人自然也需要依靠整个全体个人构成的社会。个人的生存和发展，不仅需要依靠自己的劳动，也必然依靠他人的劳动，这就是向社会索取的过程。既然个人对社会有所索取，那么就必须对社会有所贡献，在一般情况下，一个人对社会所作出的贡献总要大于他对社会所进行的索取，也就是说，个人给社会作出贡献，不仅是社会发展的需要，也是个人的人格和品德提升的需要，更是个人自我完善的需要。从这个意义上说，一个人的自我价值就决定了他的人格和品德，决定了人们对他的人生评价。这种评价往往通过荣誉、奖励的形式赋予个人以社会意义，乃至流芳青史。

二、把握内在与外在的律动

一个人的人生价值在于他的劳动、创造和贡献。那么，进行劳动和创造并作出贡献需要哪些条件呢？当然需要全面发展的人，就是需要内外充实且意志坚强的人。从宏观方面说，每一个人群主体或价值主体，都有着特殊的内在与外在。从微观方面说，每一个人作为能动的创造价值的主体，也有其特殊的内在与外在。这里主要是说后一方面，即作为个人主体的内外两方面。

就个人来说，价值创造需要个人包括智力、德行和责任能力在内的内在功能。内在功能在发挥出来之前，是实现自我价值的潜在(内在)能力，相对于个人的外在价值来说，它具有内在的价值性。这种人生的内在价值，从本质上说，只是人的社会性功能和素质教养的积累。这是尚未实现和外化的潜在价值。而个人的外在价值，就是这个人内在德行以及能力的外在表现。外在价值在一定程度上体现着人的内在价值或内在素质的发挥。以德行为例，社会的道德原则或价值标准，被个人所接受，转化为个人的自律准则和内在信念，表现出来就是具有一定道德要求和价值目标的行为和结果。所谓“德行”，可谓有内外之称，在心为德，施之为行。

就是说，一个人的内在价值必须通过他的行为表现出来，而且也只有通过他的行为才能表现出来。个人通过自己的行为，即自己所参与的社会实践活动，将自身的内在能力以及自身的德行发挥于外，并将其进行一定的人格化、对象化乃至客观化，并最终创造出一定的物质财富和精神财富，以满足社会发展的需要，这就是将内在价值转化为外在价值，并最终实现社会价值的过程。当然，在这种转化的过程中还要有适当的社会条件，就个人的人生来说，决定性因素还在于个人自己的主观努力。一个有真实价值的人，应该是一个德智体全面发展的人；而一个全面发展的人，则应该是一个外在价值与内在价值统一的人。

讲到内在价值，就谈到人格。在某些特定的社会关系之中，人格就表现为作为主体的个人所具有的一定权利和一定义务的资格，或叫作“内在特性”。这种“内在特性”在社会生活中，就是由一定的社会关系所规定的作为主体的个人对待这种关系的立场。一定的权利和一定的义务规定着作为主体的个人的社会责任，同时也使作为主体的个人成为责任主体；个人作为具有一定权利和一定义务的主体，同时也就是一个责任主体。一个人具有责任意识和责任能力就从主体方面集中体现着一个人的人格。这样情形下的自我才是作为能动的主体，才是具有自觉性和自主性的个人，也是通过特殊性、个性体现着的社会共性的个人。在这个意义上，自我既是他自己，同时又是类。恩格斯在1844年给马克思到信中说过，“我们必须从‘我’，从经验的、肉体的个人出发，不是为了像施蒂纳那样陷在里面，而是为了从这里上升到‘人’”①。具有完整人格的人，就是恩格斯所说的“大写的人”。

如上所说，一个人的人生的价值在于他对于社会所承担的责任和所作出的贡献。这里的责任和贡献，是就其外在社会价值来

① 《马克思恩格斯全集》第27卷，人民出版社1972年版，第13页。

说的，因为一个人对社会所作出的责任和贡献是个人价值的基本标志。但是，完整地说，还应该看到责任对人生价值的重要意义。在一般情况下，责任和贡献是相一致的，但责任和贡献之间也会有矛盾。有些人虽然对社会做出具有社会价值的贡献，甚至还有着很大的社会价值，但是考察其内部动机和意图，并不是出自对于社会的责任和义务，也不是出自个人的正当利益，还可能出自害人利己的动机，甚至还可能出自更为卑劣的目的。所以，强调人生价值在于责任和贡献，就是要注意外在价值与内在价值的统一，对一个人的人格进行评价，就必须全面考虑他的内在方面和外在方面，如《大戴礼记·曾子立事》所说，“善必自内始，做于中播于外”，所以应“以其见者，占其隐者”，如是，就可以判断他的心性、行为和人格，即我们常说的心、行、身三者。这大体上就可以判断他的为人。用十九世纪英国哲学家约翰·密尔的话说，就是“人的价值不仅在于他做了什么，而且在于做事的是什么样的人”①。

在这个意义上，人格问题就与人的责任有着非常大的关联。一个具有完整人格的人，在不断变化的情况下，能够始终保持自己是他自己，而不是别的什么。一个人如果对自己作为主体的责任没有清醒的意识，并且不能尽其所能地承担这份责任，就是这个人致命的人格缺陷。人格上的缺陷对一个人的人生价值来说影响非常大，在一定的条件下，这样的缺陷甚至可能导致这个人的沉沦甚至毁灭。相反，一个人的人格完满、高尚，就会在事业上作出对家庭、社会和国家有益的，乃至伟大的贡献，其价值与历史永存。

责任意识是个人强大的精神之骨。一个人忘记了对社会的责任，就会囿于自我的小天地而失去做人的真正价值；忘记对家庭的责任，就会给家庭造成不幸，使温馨的家庭生活黯然失色；忘记对自己的责任，就是失魂落魄的形骸，失去自我。不过在现实生活

---

① ［英］密尔著，许宝骙译：《论自由》，商务印书馆 1986 年版，第 63 页。

中，还真有些人常常忘记自己做人的责任，糊里糊涂过日子。待到他们有所醒悟，他们已经不是他们应有的自己了。有一些罪犯不就是这样的吗？他们平时意识不到，关键时刻更承担不起自己对社会、对家庭、对集体的责任，不懂得自己应该如何为人，不懂得如何做事；待到犯罪的时候，才思考自己不应该如何如何，思考自己做人的价值，但却悔之晚矣！岂知，人生价值体验的能力，不是突发出现的，它必须有内在的精神素质，以及自我评价能力。而这种素质和能力并不是短时间能够具备的，必须经过长期的教养、锻炼、养成习惯，才能培养起来。

三、理解应有与实有的辩证

在我们的社会主义社会关系和人生历程中，有一个共同的价值观，就是为人民服务。为谁服务是自觉的行为，它体现着行为的内在动机和目的，即内在价值。“为人民”就体现着行为的内在动机和目的，即内在价值；服务则体现着行为的外在活动和结果，即外在价值。有“为他人”的内在动机和目的，就是有为他人服务的责任心。有“为人民”的内在动机和目的，就是有为人民服务的责任心，履行为人民服务的责任和义务，就是对人民尽了心，作了贡献。服务于人民，就是贡献于社会。每一个为人民服务的行为作为既成的价值事实，它是现有的价值，但它并不是最后的，而是进一步提高和扩大的环节。就服务的总体而言，每一现有的服务都包含着新的要求，包含着更高的理想目的，这就是在现有的行为中包含着“应有”的规定和意义。人民的利益高于一切。因此，个人是相对的，人民是绝对的；个人的活动和价值是相对的，而人民利益的价值则是绝对的；个人行为活动及其贡献是相对的、有限的，而活动中所体现的普遍意义则是无限的、绝对的；个人的生命是有限的，为人民服务则是无限的。把有限的生命投到无限的为人民服务中去，就是高尚的、光辉的人生。

人生的价值目标，不是一个人主观幻想出来的，或者他自己任意设计出来的，而是由社会发展的使命以及社会实践的任务所提出来的，也是人们根据国家、社会、职业和家庭所提出的要求，并结合自己对于理想的认同所提出来的。正确的、科学的人生价值目标，总是一种与社会发展过程和历史进步进程相一致的定向，它也总能给人们指出符合社会发展规律性并且符合历史发展必然性的方向，具体地说，就是总能给人们提出“应当如何”的指向。因此，人生的价值目标是人生的根本指导原则，也成为人生内在价值的核心。从这个意义上说，“应当如何”就是社会进步和历史发展的正当要求，个人也就要按照“应当”的要求自觉地作出各种选择。

从个人的自我发展和个人的自我完善的角度来说，“实际是什么”和“应当是什么”是不可分离的两个方面。我们不仅要注意不可分离的两个方面，尤其要注意“应当是什么”。人生价值是现有价值和应有价值的统一。一个人是什么样的人，这是由这个人的人生的历程，具体地包括，这个人过去的生活经历和这个人现在的生活经历所规定的，也体现着这个人的现有价值。但是，一个人如果能够意识到自己现有的存在及其价值，这种自我意识就成为一种自我评价，虽然实现准确的评价很难，但是这种自我的评价毕竟是一个人主动的、自觉的自我评价。当这种主动的、自觉的评价与自己的理想目标相比对的时候，就会感到理想与现实之间的差距，从而意识到并提出自己“应当是什么”的更高的要求。于是，这个人现有的存在就是要冲破原有的规定，向着应该的理想目标去努力，并最终实现更高的要求。这一点，正如黑格尔所说：“精神生活之所以异于自然生活，特别是异于禽兽的生活，即在其不停留在它的自在存在的阶段，而力求达到自为存在。”①一个积极进取、不断进步的人，总是不满足于自己现有的价值，并主动地追求更高的理

---

① ［德］黑格尔著，贺麟译：《小逻辑》，商务印书馆1980年版，第89页。

想目标,成为"自在自为"的自觉的自由的人。

这个道理理解起来并不难。我们每个人在给自己作人生价值评价的时候,就是在给自己作出是非判断。就是说,"应当是什么"的要求不只意味着将来所需要达到的标准,同时也意味着现实条件所能够达到的最佳状态。按照辩证逻辑的分析,"应当是什么"本身就包含着现有的规定,而现有的规定自然也包含着"应当是什么"。因此,若将现有的潜在性加以充分发挥,就可以显示出现实性本身所具有的理想性。在这里,现实的规定就包含着应当,而应当也就在这现实之中。现实之中如不包涵应当的要求,它就不能冲破现有规定的局限,也就不能改变自己,向前发展;而应当的要求如果不在现实规定中有其根据和条件,它就只是个人的主观的幻想或臆想,就不能进步。因此,理想与现实、应当和规定,都不是固定不变的概念或状态,而是在发展过程中的主观与客观的辩证统一。

当然,"应当是什么"作为更高的要求,具有将普遍性和特殊性相结合起来的特征,也就是说,"应当是什么"的更高的普遍性要求必须与个人的特殊情况相结合,才能有效地成为个体人生的指导原则。对于个人来说,就要善于在自身已有的能力和条件基础之上,选择适当的手段和方法,积极地实现"应当是什么"的更高的要求。一个人如果做不到这一点,就会在人生道路上,或盲目乐观,或失意悲观,甚至无所适从。不过,一个人在现有价值与应有价值的矛盾中或者盲目自满,或者消沉自卑,只不过是庸人或俗人的表现。对于一个有远大目标的人来说,"实际是什么"只是前进的起点,"应当是什么"才是前进的方向。"应当是什么"定能使人警醒,使人奋进,使人自觉地克服自己的任性,并同主观的、片面的,乃至自私自利和肆意妄为等情形作坚决的斗争。

当然,任何一种应该都有可能是不应该的,因为人与人之间的关系在其发展过程总会不断地变化,每个人对待和处理这些关系的方式和方法也要随之变化。这其中的道理要从辩证法的层面上去理解,而不能从形而上学的、相对主义的层面上去理解。“应当是什么”意味着社会给个人提出的要求,或者说是个人实践造成的自我生活境遇的要求。这种要求或是社会的合理规定,或是个人行为造成的结果,实际上这两方面经常是矛盾而又是统一的,个人只能是正视现实,脚踏实地,尊重人生的辩证法。社会给个人提出约束是必要的,当然这种约束应是合理的和正当的。对于一个有远大目标的人来说,社会的要求绝不是对个人自由性和主体性的扼杀;在正常的情况下,它正是使他真正发挥其自由性和主体性的必要前提。这里如果说确实存在着约束的话,那也是主体自身按照“应该是什么”的理想要求自觉地主动地约束自己,超越自己。一个有远大志向和有理想目标的人,必须认识到自己所受到的那些限制,并积极地改变现状,提高自己的能力;而那些肆意妄为、不分善恶美丑的、甘愿落后的人,必然要受到他人和社会的限制。在这个意义上,一个人的人格,就是从自己限制(约束)自己、履行自己对自己、自己对他人和社会的责任和义务开始的。上述的过程也就是人生的提高、进步和发展为什么总是要从零做起的道理。人生有时需要从零做起,就是指一个人不要满足于现状,把已有价值当成负担,或者依靠在已有价值之上自满自足,而是要走出一步,在新的起点上再向前进。一个有远大志向和有理想目标的人,应当把自己曾经实现的目标当作过去的事情,从零做起,把今后进取的目标定位于实现“应当是”的目标上,用“应当”的目标激励自己,不断超越自己曾经实现的目标,更上一层楼。

四、人生价值的评价

论说人生价值,不能不涉及价值评价问题。价值的复杂性,给评价带来了复杂性。智莫难于知己,也难于知人。无论是评价自我的价值或是评价他人的价值,都不是容易的。

什么是人生价值评价？人生价值评价就是人们依据一定的标准，对某个人的人生实践及其贡献，作出或全部肯定或全部否定的判断，以及作出或部分肯定或部分否定的判断。这里的肯定评价和否定评价，其评价的层次或评价的程度，是与上述价值的等级和层次相关联起来的，因而，就是涉及价值的两极性问题，即或善或恶的两极评价，也有价值的等级或程度问题，即善恶的级次和程度的问题。当然，实际存在的价值等级和程度不止三层，而是多层，极而言之可以有无限层，如同光谱颜色的层次一样，大体区分有红橙黄绿青蓝紫，细分下去，很难确定色度之间的界限。不过这样细分对社会生活也没有什么实际意义。

人生价值的评价有没有客观标准？以个体视角来对待，对人生价值的评价总带有局限，也就是说，人生价值的评价总会局限于个体的判断能力和个体的已有视野。几乎每个人都有占主导地位的生活倾向、人生态度，甚至有自己坚定不移的人生哲学和行为取向，因而人与人之间常常发生价值评价上的争论和对立。要使一个人全然超出个人的局限性，领会他的判断能力和已有视野以外的人生价值，往往是很困难的。有时出现这样的情况：一个人往往以为自己的生活方式是最好的，自己的人生选择是最明智的，也是最幸福、最有价值的。例如，一个学者，在做学问中创造价值，实现自我，总觉得自己的生活是最好的，最幸福的，甚至有亚里士多德所说的“神似幸福”之感。可是在一个讲究吃喝生活享受的人看来，这种生活太枯燥，简直是苦行僧。他觉得痛痛快快干活，歇下来弄点吃喝，才是快乐和幸福。那些堆积如山的书籍，在他眼里不过是一堆砖头。对待这种评价的对立，就不能非此即彼，而应亦此亦彼，从多样性的视角进行评价，互相理解、互相沟通，同时也要冷静自省。不同的人尽管有不同的生活倾向、态度和兴趣，但人们的生活经验也能使之确信人生的一般价值和共同价值所在，确信各种人生选择和生活方式的社会意义。这种观察生活的多视角，正说明有一元的共同价值标准存在，否则就不能作出多样化的肯定。统一的、一元的价值标准与有限多元的价值标准和多样化表现相结合，就构成人生整体和全局的生动活泼的图景。

对人生的评价还是与利益相联系的。人们对人生价值作出判断，常常受到利益的支配，它使一些人眼明；使另一些人智昏；使一些人狭隘；使另一些人大度。主体的利益在尚未被主体意识到的时候，它是客观存在的。但是一旦被主体意识到之后，并由主体作出评价，就会在主体的意识之中形成生活目标和理想追求，这时就表现为主观利益情感和利益观念，也就是在主体意识中就形成了某种特殊的评价标准。这种标准在形式的角度上是主观的，但是在内容的角度上，却是客观的。正确的人生评价标准，应当是在正确认识各种利益关系的基础之上，所形成正确的客观标准，而不能单凭主观好恶、任性或一时情绪作出评价。如对公共利益和个人利益、全局利益和局部利益以及精神利益和物质利益等关系，没有正确认识，不能正确对待这些关系，就不可能有正确的评价尺度。所谓对错、正邪、高低，就是由这些关系规定的，只有在这些关系中才能作出正确判断。

人生的价值评价，有时会因评价的主体有所不同，有时也会因评价的客体有所不同，但就整个社会发展的进程以及全部历史进步的过程来看，人生价值评价还是有着客观的和统一的标准的。如果拿出来某个人生价值评价的标准不与这个根本的人生价值评价标准相一致，就不能作为人生价值评价的普遍标准。在我们的社会主义社会，评价的客观标准只能是社会的进步和人民的利益，即有利于社会主义国家社会生产力的发展，有利于社会主义国家综合国力的增强，有利于社会主义国家人民生活水平的提高。经过近百年的社会革命和社会主义建设实践，中国共产党进行了理论创造，提出了社会主义核心价值观："富强、民主、文明、和谐；自由、平等、公正、法治；爱国、敬业、诚信、友善。"这些核心价值观是从国家、社会(包括家庭)、个人多个层次所阐述的全面、系统的价值范畴,再现了中华民族传统文明精神,而且重新凝聚起了作为社会主义价值观体系核心的为人民服务精神。这个新的核心价值观体系与为人民服务共同构成我们时代的人生价值标准。

下 篇

对于大学生思想道德教育实践的总结代表着大学生思想道德教育发展的方向。

本科生思想政治理论课是大学生思想道德教育最为重要和最为基本的阵地。本科生思想政治理论课创新的问题是一个老生常谈的问题,也是一个常谈常新的问题。如何进行本科生思想政治理论课的创新?在课堂教学中要把科研成果运用于其中,并关注实际教学过程中语言艺术的运用;在实践教学中则要在提升已有实践教学形式的效果并开创新的教学形式等方面取得突破。

研究生思想政治理论课也是大学生思想道德教育的重要载体,它对于整个大学生群体思想道德素质的提升发挥着重要的作用。对于研究生思想政治理论课的发展,我们作出如下尝试:首先,构建科学有效的研究生德育评价体系;其次,寻找改善研究生群体心理健康状况的教育对策;最后,以自然辩证法教学结合科技道德教育的视角探讨如何提升研究生思想政治理论课教学质量的问题。

当今时代是信息时代。信息技术的迅猛发展给大学生思想道德教育带来了巨大的挑战和机遇,如何应对这些挑战和机遇是当前大学生思想道德教育所面临的重要课题。首先,信息时代的信息伦理教育构成当前大学生思想道德教育不可回避的内容，可以从教育观念、教育原则、教育内容和教育方式等方面提出思想道德教育应对的策略；其次，利用以博客和微博为代表的新媒体开展思想道德教育将成为重要机遇；最后，运用 MOOC 技术创新思想道德教育的形式也是当前要面临并解决的问题。

素质教育是当代高等教育必然的发展趋势。从素质教育的视域来看大学生思想道德教育的问题，首先要澄清素质教育与大学生思想道德教育之间的关系；其次在具体的教育实践中，人文素质教育、文化素质教育和科技道德素养教育构成素质教育和大学生思想道德教育二者之间的联系纽带。

第四章　本科生思想政治理论课的创新

本科生思想政治理论课是大学生思想道德教育最为重要和最为基本的阵地。本科生思想政治理论课创新的问题是一个老生常谈的问题，也是一个常谈常新的问题。如何进行本科生思想政治理论课的创新？在课堂教学中要把科研成果运用于其中，并关注实际教学过程中语言艺术的运用；在实践教学中则要在提升已有教学形式的效果并开创新的教学形式等方面取得突破。

第一节　本科思政课中科研对教学的支撑

当前，在思政课中强化科研对教学的支撑作用，无疑具有至关重要的意义，广大思政课教师一般都能认识这一点，但在具体的教育教学实践中，仍然有一些不尽人意的情况，这表现在：其一，重教学轻科研。一些教师认为教师的首要职责在于教学，而思政课尤其是一门体现课堂教学功夫的课程，所以要把精力主要放在教学上；一些教师迫于繁重的教学任务，完成基本科研要求之后，总是忙于备课和上课；一些教师在科研上没有优势甚至没有自己的科研方向，无法以科研支撑教学。其二，重科研轻教学。一些老师出于评定职称的科研压力，把精力更多地放在科研上，而没有时间顾及教学；一些老师为了获得科研的短期回报，更愿意从事科研活动；一些教师认为，与教学相比，科研是具有更高技术含量的工作，自然不愿意在教学上投入更多。其三，科研与教学的“貌合神离”。一些教师的专业背景非马克思主义理论学科，虽有科研成果，却与教学内容不相吻合，无法把二者有机地结合起来；一些老师虽然做着与教学内容相一致的科研，却没能进一步地把科研成果应用于教学中；一些教师虽有着与教学内容相一致的科研方向，却没有随着教学内容的变化而及时地更新科研主题。上述情况都是思政课中强化科研对教学支撑的障碍。

一、科研支撑教学的必要性

在思想政治理论课中，要使科研能够支撑教学，首要的问题是要认识其必要性。只有认识到科研支撑教学的必要性，才能开展相应的具体工作。

（一）科研支撑教学能够保证课程的思想性和科学性

在一些人尤其是一些外行人看来，思政课就是对于中央方针路线以及国家制度政策的宣讲，这样看来，思政课教师不过是“传声筒”。这个观点只说对了一个侧面，毕竟，思政课的重要属性就是政治性。这段话更加明确地指出思政课的政治属性。实际上，一些人对于思政课所存在的质疑，并非完全在于课程本身的政治或者意识形态属性，更在于一些思政课老师把课程讲成缺乏思想性和科学性的空洞说教。思政课如果只是缺乏思想性和科学性的空洞说教，思政课老师如果只是“传声筒”，那学生只知其然不知其所以然，或只知其所以然不知其为何所用。这种情况下，课程既达不到党中央和国家提出的要求，也不会让学生们真心喜爱，更不要说使学生们终身受益，毕生难忘了。

（二）科研支撑教学能够提高教师的魅力和影响力

我们把思政课教师及其授课情况分为以下几种情形：一个没

有科研成果，只会照本宣科、人云亦云的思政课教师缺乏理论深度，其授课效果不会好；一个没有做过深入科研的老师，其授课过程最多只能是说得过去，不会丰富多彩；一个有深厚理论功底并有深入科研支撑的老师，能够拿自己真正研究过并有深刻体会的内容去讲授，也能够大胆地让学生进行思考、讨论乃至于辩论，并对学生提出的问题给予准确细致的回答，进而解决学生的思想困惑。显然，三种类型的老师之中，最后一种类型的老师才是具有魅力和影响力的教师，才能受到学生们的欢迎。在这样的老师的影响之下，学生才会感受到思政课教师的理论自信，才会体会到思想道德教育的理论魅力，才会对思政课具有全新的认识，进而更有效地学习思政课。

（三）科研支撑教学能够将教学内容与方法结合起来

一些人谈论思政课的时候，往往指责课程在方法上不够灵活多样，进行了太多的“灌输”。这里有必要澄清一下对于“灌输”这个问题的认识。列宁在《怎么办?》中，将“灌输”一词引入思想道德教育领域，指出“工人阶级本来也不可能有社会民主主义意识。这种意识只能从外面灌输进去”①。这句话的本意就是说，无产阶级政党之所以要进行“灌输”的教育任务，是因为马克思主义的理论和信念不可能在人们的头脑自发地产生，必须通过“灌输”来实现。在教育实践中，为什么有人会反对“灌输”？因为这些人常常把灌输的任务和灌输的方法混同起来，或者说人们所反对的是那种填鸭式的灌输方法，而并非灌输任务本身。具有科学、合理且实际内容的灌输任务本身经受得起实践的考验，人们不会存在过多的质疑。在思政课之中以科研支撑教学，就会使教学内容变得科学、合理且实际，那么，灌输的任务本身也就不该受到更多的质疑。进一步说，灵活多样的方法也只有建立在科学、合理且实际的教学内容

---

① 《列宁选集》第1卷，人民出版社1995年第3版，第317页。

之上，才有施展的可能和发挥的空间。

二、科研支撑教学的可能性

在思想政治理论课中，科研支撑教学具有充分的必要性，之后的问题就是，科研支撑教学如何可能？也就是要找到那些可以为“科研支撑教学”提供可能的平台、空间和途径。

（一）马克思主义理论学科活动为“科研支撑教学”提供了平台

“马克思主义理论学科对教学的支撑作用”与“科研对教学的支撑作用”是有机联系的，二者统一在马克思主义理论学科建设以及思想政治理论课教育教学实践之中。在一定意义上，“马克思主义理论科学对教学的支撑作用”是先于“科研对教学的支撑作用”的，前者是后者的前提。在一般的情况下，马克思主义理论学科正是通过科研这个中介转而支撑教学的。马克思主义理论一级学科下的六个二级学科，与思想政治理论课各门课程之间都有着对应关系，各个二级学科的相关活动都可以为4门本专科思想政治理论课以及5门研究生公共课提供教学的支撑，因此，广大思政课教师可以利用自己所在的学科平台开展与相应课程相关的科学研究，进而支撑教学。马克思主义理论一级学科以及各二级学科则可以通过举办学术报告、组织读书活动、开展科学研究、关注重点难点，回答重大理论和现实问题，为深化教学改革、增强教学效果提供有力支撑。

（二）每门课程的教学内容为“科研支撑教学”提供了空间

高校所有的思政课都是理论与实践紧密结合的课程，也是有着丰富内容的课程，这些内容为科研成果的转化提供了广阔的空间。以“思想道德修养与法律基础”（以下简称“基础课”）为例，它是一门由多个学科理论支撑的课程，也是一门与大学生实际生活乃至社会生活密切相关的课程，这自然为科研支撑教学提供了广阔的空间。在该课程之中，如何理解思想道德素质与法律素质的内涵？如何把握社会主义核心价值观的基本内容？如何处理理想与现实的关系？如何实现个人理想与社会理想的统一？中国精神的价值是什么？新时期爱国主义的主题是什么？时代精神的核心是什么？怎样确立科学的世界观、人生观和价值观？怎样传承中华优秀传统道德和革命道德？怎样弘扬社会主义道德？怎样使道德建设的四大领域相互配合？怎样学习宪法法律，建设法治体系？怎样树立法制观念，尊重法律权威？怎样行使法律权利，履行法律义务？怎样树立法治理念，尊重法律权威……如此众多的问题，都需要教师进行广泛深入的科学研究，并把成果应用于教学实践。

（三）教师日常生活实践为“科研支撑教学”提供了途径

当前，世界范围内各种思想文化交流交融交锋更加频繁，如何发挥正能量，增强对重大理论和现实问题的阐释力，在多元中确立主导，给思想政治理论课提出新的挑战。思政课教师要应对这些新挑战，就要时刻关注报刊、网络和电视所提供的各种时事信息，感受思想文化领域的最新变化，而这样的信息同学们也同样会面对，教师如果仅仅把信息再简单地传递给学生，定起不到好的效果，而如果以一种理性的态度和方法，对这些问题加以思考，尤其是运用马克思主义的立场观点方法加以分析，并把心得体会分享给学生，使学生在多样的思想冲击之中取得共识，则是非常有意义的活动。这样的活动，也是思考（研究）融入教学的体现。

三、科研支撑教学的现实性

在思想政治理论课之中，科研支撑教学具有充分的必要性，以及充足的可能性，但又如何使其成为现实？这里以本人所开展的“大学生利他精神的机制”科研课题和本人所承担的“思想道德修养与法律基础”课程教学为例，提出思政课中科研支撑教学的具体操作办法，以构建科研支撑教学的现实性。

（一）科研课题提出要加强关爱教育，课堂教学则要引导学生

如何去关爱

大学生个体或群体对于他人(同学、教师和家人等)的关爱意识是他们产生利他观念、实施利他行为的情感基础,加强以培养大学生关爱意识为基础的情感教育,构成大学生利他精神培育的首要方面。在给学生讲授如何理解“中华传统美德的基本精神”——“推崇仁爱原则,追求人际和谐”①时,教师要引导学生们认识到传统仁爱原则的优势和局限。传统仁爱原则的优势在于它体现了人的尊严和价值,但是传统的仁爱精神也有其局限性,在有等差的仁爱之中,对于亲人(亲友和亲近之人)的关爱很多,对于陌生人的关爱则很少。费孝通先生就用“差序格局”的理论阐述过这个问题。他指出,国人之间的关系就“好像把一块石头丢在水面上所发生的一圈圈推出去的波纹”②,远处的水波纹(陌生人)与自己几乎没有什么关系。对于陌生人的关爱是“公益慈善”和“见义勇为”等利他精神形成的深刻的思想来源,这方面的缺失也成为当前校园之中乃至社会生活中利他现象缺失的原因之一,因而当前特别要加强感恩关爱为基础的情感教育,才能弥补以上缺失。③

(二)科研课题提出要加强公共理性教育,课堂教学则要培养学生“志愿服务意识”

培育大学生利他精神不仅要培养大学生的情感,还要培养大学生的理性。这种理性就是大学生超越个人直接的功利目的,对社会公共事务表示关怀的心态,也就是公共理性。公共理性教育具体涉及两个层面:一方面是公共生活常识和技能的教育。学校以及社会媒体对大学生进行一些必要的公共安全知识、助人解危

① 本书编写组:《思想道德修养与法律基础》,高等教育出版社2015年版,第98页。

② 参见费孝通《乡土中国生育制度》,北京大学出版社1998年版,第26页。

③ 参见李志强《论公民利他精神培育的几个途径》,《北方工业大学学报》2014年第4期。

解困技巧等方面的专业教育。这些工作在大学校园里，主要是学生工作部门在做。另一方面是志愿服务精神的教育。参与志愿服务不仅是大学生社会责任的体现，更是大学生融入社会生活的方式。通过教育的途径形成大学生的志愿服务意识，蕴含着大学生利他精神发生和发展的巨大空间。在理论教学中，教授有关“社会价值”的部分、有关“社会主义道德”的部分、有关“社会公德”的部分，都可以给同学们讲授“志愿服务”的问题，以培养他们的志愿服务意识；在实践教学环节，还可以组织一些志愿服务的活动培养学生们的公共理性。

（三）科研课题指出要加强价值观教育，课堂教学则要确立学生荣辱观念

大学生的利他精神不只表现为行为，也表现为观念。当大学生在荣辱观上出了问题，就不会视关爱他人、服务群体和奉献社会为光荣，也不会视道德冷漠、自私自利和损害他人为耻辱，甚至引以为荣。在这个意义上，使大学生个体或群体知荣知耻是他们形成利他精神的重要价值支撑。① 在确立学生荣辱观的价值观教育过程中，要把社会主义荣辱观放在社会主义核心价值体系和社会主义核心价值观的主题之中，对大学生讲清确立荣辱观念的必要性，并通过各种情境、活动让大学生体会到确立荣辱观念对于自身生长和生活的意义。

（四）科研课题指出要加强示范教育，课堂教学则要发挥道德榜样的作用

大学生利他精神是一种具有极强示范效应的道德现象，当大学校园内出现较多利他现象时，就会有更多的学生效仿，进而“滚雪球”似地生成更多的利他现象，相反，当大学校园较少地出现利

① 参见李志强《论公民利他精神培育的几个途径》，《北方工业大学学报》2014 年第 4 期。

他现象，学生们就会动摇自己的道德信念，降低实施积极行为的动力，利他现象也会越来越少。因此可以通过示范教育促进大学生产生利他观念并实施利他行为。在课堂教学之中，适当地播放“感动中国”和“道德模范”的相关视频可以增强教学的生动性。当然，在发挥道德榜样之示范教育作用的时候，要注意道德榜样的典型性以及其与大学生日常生活的贴近程度。所树立的道德榜样如果缺乏典型性或脱离大学生的日常生活，就成为抽象空洞的教条，无人效仿，甚至还要起到负面效果。① 所以，在“感动中国”和“道德榜样”之中还要选取更贴近大学生的例子，如徐本禹的例子就要好于丛飞的例子，因为徐本禹作为大学生的代表更容易引起学生的情感共鸣。

（五）科研课题指出不能把“道德法律化”绝对化，课堂教学则要澄清道德与法律的关系

道德和法律的关系是贯穿“基础课”的逻辑主线，也是最需要向学生澄清的基本知识点。在教学过程中，可以用近年受到较多关注的一种利他行为——“见义勇为”作为例子，澄清道德和法律的关系。当前，出现一种将“道德法律化”绝对化的倾向，例如，有人就主张将见义勇为法律化。可以给同学们做出如下分析：如果使见义勇为成为法律规定，会出现什么样的后果？其一，可能会损害见义勇为者本身的利益。例如，小赖宁上山扑火，火没有救成，却烧死了自己，得不偿失。基础课教材就指出，对于人生价值的评价要坚持“能力有大小与贡献需尽力相统一”②的原则。从这里可以看见社会思想观念的进步。其二，法律如果过多地干涉其他领域，甚至被用来处理本属于道德内部之事，那么社会治理的成本就

---

① 参见李志强：论公民利他精神培育的几个途径，《北方工业大学学报》2014 年第 4 期。

② 本书编写组：《思想道德修养与法律基础》，高等教育出版社 2015 年版，第 78 页。

过大。其三,见义勇为法律化还会造成强迫和被动的利他行为。强迫和被动的利他既没有体现真正的“利他”本质,也打击了大学生的道德热情,不利于良好校园风气的形成。总之,要让学生们认识到:道德和法律毕竟有着各自的领域,那种把法律当成道德的他律,甚至以道德法律化作为加强道德他律的手段,就使问题变得简单和机械。

思政课要加强科研对教学的支撑,但是,只是通过科研支撑教学,并不足够。思政课不同于其他课程的地方还在于,思政课老师不仅要完成课堂教学任务,还要通过自身对于理论的践行,展现出人格魅力和理论魅力,进而去影响学生,这样才会让学生去真听、真信、真用。

第二节　大学生思想道德教育的语言艺术

语言是人类最重要的交际手段,同时也是大学生思想道德教育必不可少的载体。语言艺术是表达者在运用语言进行交际时,为了提高语言表达效果,根据交际对象和交际场合等实际状况选择的恰当的、准确的语言表达方式。大学生思想道德教育的语言艺术就是教育者在运用语言实施教育的过程中,为了达到提高大学生思想道德素质的教育目的,根据大学生和教育情境等实际状况,按照思想道德教育特定的要求,选择的恰当的、准确的语言表达方式。

一、大学生思想道德教育语言艺术的界定和作用

从语言学的角度来讲,思想道德教育就是教育者运用语言这一手段,把一定的关于思想、道德、政治和心理的信息传递给大学生,使其接受并得到启发,提高其思想觉悟,转变其政治态度的过程。因而思想道德教育的效果与教育的语言表达方式有着直接的

关系。语言表达方式得体、适当、适情、应时，教育便会取得良好的效果；反之，则达不到教育的目的。语言艺术在思想道德教育中起着至关重要的作用。首先，语言艺术是发挥教育者形象作用的前提，教育者语言表达讲求艺术就能充分体现其深刻的思想认识水平和良好的道德修养，这有助于更好地发挥教育者良好形象的教育引导作用。其次，语言艺术是调动大学生的积极性，高效地完成教育目的的手段。要达到提高大学生思想觉悟、道德品质、心理素质的目的，首要的任务就是要通过思想道德教育的语言艺术提高教育的说服力和劝导力，激发大学生的积极性，提高教育效果。总之，语言艺术是提高思想道德教育效果的重要手段，充分利用这一手段的功能，是提高思想政治实效的根本保证。

二、大学生思想道德教育语言艺术的条件限定

思想道德教育是思想、道德、政治、心理的综合的教育实践，其实施过程由教育者、大学生、教育环境、教育媒介等多种因素共同完成。因而思想道德教育的语言艺术受以下几方面的条件限定，以下若干条件，是准确把握道德教育语言艺术的基本环节。

(一)语言艺术对教育者的要求

教育者是整个教育过程的组织领导者，负责规划、协调、推动、控制、统摄全局，是教育发挥作用的决定性力量，在整个教育过程中起主导作用。因而教育者必须具备较高的素质，这是发挥其主导作用的前提，也是其实施语言艺术的前提。

首先，大学生思想道德教育是原则性、阶级性很强的科学，因而教育者要坚定政治立场，遵守政治纪律，明确政治观点，把握政治方向，只有达到上述要求才能使语言表达立场明确、观点准确、方向正确。其次，教育者要正直廉洁，为人诚恳守信，胸怀宽阔坦荡，宽以待人，这样才能使大学生产生亲近感，并更易于接受教育。再次，教育者要加强文化知识修养，不断巩固理论知识，丰富专业

知识，扩充辅助知识。文化知识修养不仅是教育者“榜样”力量的一部分，更是发挥语言艺术作用的必备条件。最后，教育者要培养观察思考能力、创造思维能力、随机应变能力、语言表达能力等综合素质，为语言艺术的实施创造能力基础。

（二）语言艺术对语言表达的要求

语言表达是语言艺术的载体，语言艺术是基于准确而恰当的语言表达而产生的良好效果。思想道德教育的语言艺术对语言表达提出如下限定：

首先，语言表达要真实准确。表达的内容要真实，形式要准确。不讲假话、大话、空话，符合思想实际，符合教育实情。其次，语言表达要简洁明快。教育者要养成缜密的思维习惯，提高语言概括能力，简明扼要地表达教育意图。再次，语言表达要富于情感。道德教育是思想的交流，将情感融于表达之中，是调动受教育者积极性的有效手段。要深刻体会大学生的真情实感，全心倾听大学生的内心感受，生动具体地再现教育内容，有效调动大学生思想感情，做到晓之以理，动之以情。最后，语言要通俗易懂。道德教育者要充分利用自身的语言特点，讲大众话，运用比喻等形象的方法阐明深刻的思想内容。

（三）语言艺术的情境限定

思想道德教育离不开一定的情境，如时间、地点、场合、社会环境等，它们对教育的实施具有重要的影响。不同的情境制约着大学生对教育内容的理解状况，也可以对其理解产生促进作用，同时情境也制约着教育内容的确定和教育方式的选择。在具体的语言艺术应用中应把握如下情境因素：

首先，社会环境是语言艺术情境的首要因素，当前的思想道德教育要紧密结合时代背景和教育实际状况；教育者的语言表达要充分体现时代精神，弘扬建设中国特色社会主义的主旋律。其次，一定的场合和时机是道德教育语言艺术情境的重要因素。教育过程要充分考虑具体的时间和地点，选择恰当的时机确定教育内容，采取相应的教育方法。最后，教育者要培养选择教育情境的能力，准确把握情境，学会创造情境，采取灵活变通的表达形式，适应不同的情境要求。

（四）语言艺术对大学生状况的限定

思想道德教育对象广泛且具体。教育能否取得成效，不仅取决于教育者能否进行准确具体地语言表达，还取决于大学生能否准确地理解教育内容，接受语言表达的信息。因而要使道德教育的语言艺术发挥良好的作用，就必须对大学生的实际状况准确地把握，具体地、有针对性地表达教育内容。语言艺术的大学生状况因素主要有以下几方面：

首先，不同年龄、不同性别的大学生对语言表达有不同的理解与体验。其次，不同性格和不同心理的大学生对语言表达有不同的理解方式和方法。最后，不同思想和不同觉悟的大学生对语言表达有不同的认识水平和能力。取得教育良好效果就要求准确、全面、具体地把握大学生上述各种具体情况，依据他们的需要、兴趣、状态、水平、知识、能力、经验来进行不同层次的教育，采取不同类型的语言艺术，最终达到实施教育语言艺术的目的。

三、大学生思想道德教育中的几种重要语言艺术

（一）疏导语言艺术

道德教育要广开言路，集思广益，也要循循善诱，进行说服教育。运用疏导的语言艺术，对受教育者的思想认识问题进行疏通和引导，是道德教育者基本的任务。贯彻疏导方针必须使大学生畅所欲言，在此基础上用正确的思想和理论对其进行引导，转化其思想矛盾。在此过程中要注意以下几点：首先，疏导要有耐心。人的思想认识转化是由浅入深，由简单到复杂的过程，道德教育的疏导必须要有恒久的耐心，才能彻底解决问题。其次，疏导要敢“碰

硬”。教育者不能逃避现实状况，要迎困难而上，坚定地贯彻疏导方针。再次，疏导要以政策方向为指导。思想道德教育必须以党的方针路线、政策及社会主义道德规范为指导才能保证疏导的意义。最后，要采取灵活、具体的疏导方法，既可以针对具体情况分散引导，也可以因势利导，还可以启发诱导，等等。

（二）说理语言艺术

说理教育的目的在于使大学生系统、清晰地接受马克思主义理论知识，从而从根本上树立正确的世界观、人生观、政治观、道德观。说理教育法要注意以下几点：首先，说理要讲真实的道理，只有符合客观实际，反映事物本质的理论才能使人信服，这是说理教育的前提，也是说理教育的力量所在。其次，说理要有针对性，教育者要根据年龄、职业、教育程度、气质性格等因素对不同特点的大学生开展不同的教育，有的放矢，对症下药。再次，说理教育要通情达理，感情是说理教育的心理基础，所以既要说理又要通情。说理过程要尊重人、理解人、关心人。最后，说理要讲求具体的语言技巧，要寓理于事，用生动、具体、典型的史实、文学作品、生活事例使大学生受到感染和教育，同时运用灵活的、生动的语言表达方式，使理论更具有吸引力和说服力。

（三）批评的语言艺术

道德教育者有义务、有责任对大学生的缺点和错误进行批评和教育。恰当的批评是思想道德教育的协调器，有助于及时加强教育效果。批评的方法尤其要讲求语言艺术，要公正、准确、恰当地批评，绝不能刻意地挖苦和粗暴地训斥。首先，批评教育要以“惩前毖后，治病救人”为原则，对大学生思想认识上的错误必须充分理解，辩证地对待其错误思想与行为，即批评“对事不对人”。其次，批评的态度要诚恳、实事求是。教育者要友善、耐心地开导大学生，授以具体的建议而不是指责与攻击。再次，批评要选择适当的时机与场合，充分利用客观条件，同时也要针对不同对象的性格、年龄、教育程度的差异采取不同的批评方式。最后,批评教育要与恰当的表扬鼓励结合起来,不能以消极因素挫伤大学生积极性,要充分调动其积极性,克服缺点和错误,同时在一定的教育范围内健全规章制度,建立批评与自我批评的模式。

(四)谈心的语言艺术

谈心是针对大学生的不同思想认识问题和不同心理特点,采取不同的教育方式进行教育的方法,它具有灵活、机动、针对性强、感情投入等特点,是道德教育的重要方法。掌握谈心的艺术可以促进教育的顺利开展。谈心的具体艺术有以下几方面:首先,教育者要有充分的准备,要尽可能掌握谈话对象的思想状况和性格特点,了解问题所在,明确谈话主题,设计谈话的思路和过程。其次,谈心要平等。教育者在与大学生谈心的过程中,要尊重对方,谦虚地指出问题,耐心倾听,坦诚相待,信任对方,尊重对方的保密等要求,这样才能达到预期的效果。再次,谈心要选择恰当的时间和地点。教育者要把握谈心过程,细致观察,控制谈心进度。最后,要适当地运用谈心技巧。谈心要寻求大学生的心理需求,进行启发教育,步步引导,寻求双方的共同语言,充分调动大学生的积极性。

第三节　思想政治理论课实践教学的改进

把握当前思想政治理论课实践教学的状况可以从实践教学的组织管理状况、实践教学的课程建设状况、师生对于实践教学的认知状况、实践教学的实施效果状况以及实践教学的考核评价状况等五个方面来考察。在此基础上提出有针对性的对策和建议,以改进当前实践教学的状况,这对于当前思想政治理论课实践教学的创新具有重要的意义。

一、充分发挥教师在实践教学组织管理中的作用

较之思想政治理论课的组织管理，实践教学的组织管理由于存在起步晚、经验少、影响因素多等方面的原因，因而加强其组织和管理显得更为必要和紧迫。实践教学的组织管理，既体现为宏观上学校对于实践教学过程的整体设计和条件保障，也体现为微观上开设实践教学的部门及其教师对于实践过程的把握和掌控，而无论在哪个层面上，教师的角色扮演、专业素养、组织能力以及全面指导都至关重要。

其一，教师在实践教学组织管理过程中的角色应是参与者而不仅仅是指导者。调查数据显示，学生们对于教师能够成为实践教学参与者的期望（38%）要高于教师自身的期望（25%），而学生们对于教师作为实践教学指导者的期望（76%）则要低于教师自身的期望（94%）。仅从这两种情形分析，教师在实践教学组织管理过程之中更应当体现其自身参与者的角色作用，而不仅仅作为单纯的指导者，更不能仅仅是片面的指挥者。因此，承担实践教学任务的教师需要进行一种观念的转变，即实践教学过程既是在教师作为指导者以命令和行动对学生进行组织和管理的过程，更是教师通过其态度和观念对学生产生间接影响的过程，同时还是教师与学生一起参与并融入整个实践教学的过程。

其二，在影响实践教学实施效果的教师个人因素之中，专业素养和组织协调能力非常重要。调查数据显示，在实践教学的组织管理过程中，学生们最看重的教师个人影响因素是教师的专业素养以及组织协调能力，在相关题目中，学生们对教师在实践教学过程中的专业能力和管理能力方面的期望高于他们对教师的敬业精神和耐心程度等其他方面的期望（10—15 个百分点）。这个结果给开展组织实施实践教学的老师提出新要求，承担实践教学的教师达到这些新要求就要既会以“教师驾驭能力”的形式直接引领整个

学生在实践教学过程中的表现，又会以“教师人格魅力”的形式间接影响学生参与实践过程的效果。

其三，教师在实践教学实施过程之中给予学生系统、专业、深入的指导是有效的实践教学组织管理环节的保障。调查数据显示，当前教师给予学生的指导主要表现在选题和考核等实践教学过程中的“开始”和“结束”两个环节，而对设计和实施等“中间”的过程指导环节却重视得不够。要加强对“中间”的过程指导，就要求教师周详地考虑各种“中间”环节可能存在的问题并逐一予以关注和重视。在各种“中间”环节之中有一个要素，即提供给学生指导材料。指导材料不仅有助于学生顺利乃至高效地完成实践教学目标，它也正成为实践教学课程建设精细程度的一个重要指标。

二、提升已有教学形式的效果并开创新的教学形式

实践教学形式是实践教学环节的重要载体，灵活新颖的形式有助于实践教学目的的实现；反之，则影响实践教学目的的达成。改善实践教学现状既要提升现有形式的效果，也要优化调整现有各种形式，更要拓展新的形式。

其一，从学生们愿意参加某种形式的实践教学的原因来看，能够让他们感兴趣以及能够锻炼他们实践能力等两个因素是比例最高的；同样从教师愿意选择承担某种实践教学任务的意愿来看，能够调动学生积极性以及能够提高学生实践能力两个因素的比例也是最高的。上述两种情形反映出当前的实践教学首先要对现有的实践教学形式进行针对性的效果提升，即应按照能够使学生感兴趣以及提高其实践能力的要求提升现有形式的有效性。

其二，在提升已有实践教学形式效果基础之上，还要对现有形式进行优化调整。当前各高校所开展的实践教学形式中，社会热点问题研究、观看影片等课堂之内延伸出来的，以及学校校园之内能够开展的形式居多，而农村调研、校外基地考察和企业考察等完

全属于课堂之外的，以及在社会大课堂之中开展的形式则比较少。我们认为后者虽然实施起来难度大，却容易取得更好的教学实效，各高校对此应尽量给予更多考虑。

其三，进行实践教学形式的创新。调研结果表明日后可以拓展的实践教学形式有：开展助教、助残、关爱弱势群体等志愿者性质的活动；由学生自主选题并设计的实践活动；建立新农村实践教学基地，组织学生学习参观的活动；与社团联合，开展经典阅读、修身工程、文明宿舍等校园文化活动；与团委、学工部（学工办）整合资源，开展寒暑假社会实践等活动。这些建议之中的最后一条牵扯到一个问题，即实践教学与团委、学工办等不同部门组织的各类活动既要有所区别，以便明确各自的主题和任务，又要联合起来，以发挥各自的优势资源，共同促进学生社会实践能力的提高。在访谈调研之中，师生们还提出一些值得借鉴的模式，即实践教学由团委和学工办负责组织和实施，马克思主义学院或思想政治理论教研部安排教师进行指导，最后各部门联合起来进行考核评价。

三、调动师生的主动性以使其积极地组织和参加实践教学活动

在问卷调查的开放问题之中，师生们提出的问题聚焦于如何发挥教师承担实践教学任务的积极性，以及如何调动学生参与实践教学活动的主动性等问题，这些问题都概括起来说，就是要调动师生的主动性以使其积极地组织和参加实践教学活动。

其一，调查问卷之中“教师对于学生参加实践教学活动可能存在的障碍”以及“学生认为自身可能存在的障碍”两方面最大的差异表现在“目标不明确，缺少参与动力”这一项，即教师认为学生由于“目标不明确，缺少参与动力”的比例要高于学生自身 15 个百分点。除去教师和学生自身思维差异等因素造成的偏差之外，我们可以比较肯定地指明，其中的原因主要在于学生们对于自身参与实践教学的目标以及参与活动的动力并没有充分的认识，也没有

得到充分的重视。因而，日后既要加强教师们对于学生主动性的重视，并在实践活动过程有效调动他们的主动性，同时还要加强学生们对自身主动性的认识，并使其充分地调动自身的主动性。

其二，在调研之中我们还看出，如学生们一样，教师们参加实践教学活动的原因主要也还是"被动型"的，如70%的学生认为自己参加实践活动是因为学校有规定；而85%的老师也认为自己承担实践教学任务的原因出于必须承担的教学任务，如果没有规定任务的要求则有40%的教师不会去承担实践教学任务。对此，我们认为在加强学生主动性的同时也要加强教师的主动性，这两个方面都是提升实践教学实施效果的基础性工作。

上面的这个工作可以转化为确立师生们的两种观念，即第一种观念：让学生认识到实践教学对他们自身实践能力的提升乃至自身成长成才中的重要作用；让教师认识到实践教学在自身理论课教学水平提升中的重要作用。第二种观念：实践教学的作用不仅能加深学生对社会生活的认知以及提高他们的实践能力，更能够加深学生们对课堂讲授知识的理解，以及调动自身理论学习的积极性。总之，这些作用无论对学生还是对老师无疑都是必要和必需的。

四、关注思想政治理论课实践教学的课程建设

实践教学实施的载体是课程，因而课程建设是实践教学的基础性工作。从我们的调查反映出来的情况来看，当前各高校的实践教学基本上还都停留在是否开设过实践教学，以及实践教学的形式有哪些等外围的问题之上，而对于学时分配、选课方式、组织形式等内在的问题则关注得还不够，我们认为当前实践教学的课程建设必须关注以下几点。

其一，实践课与理论课的有机融合。调查结果显示，各门思想

政治理论课开设过实践教学教学环节的比例是不同的。① 实际上，各门课程的不同内容、性质和特点使得它们所开展的实践教学也具有不同内容、性质和特点，因而各门课开设实践教学的比例自然而然地有所差异，但将实践教学作为一门单独的课程来开设的情形，目前各高校实施得确实还不够，虽然其必要性和可能性有待进一步地论证并要加以完善，但仅从单独开设课程所具有的优点来看，现有情况就有待改进和提高。总之，无论是单独开设的还是渗透于各门课程之中的实践教学环节都应与理论课环节有机地结合起来。

其二，合理设置开课时间和地点。在问卷调研的开放问答中出现两种倾向：一种是师生们希望提供更多的时间以便更充分地达成实践教学的效果；另一种是师生们希望以较少的时间完成比较集中的任务。实际上，上述两方面的要求并不矛盾。解决问题的根本办法是高校在统一要求之下能够结合自身的实际状况给实践教学设置出大致适合自己学校以及自己学生特点的学时；另外，选择什么时间段来开设实践教学环节，也出现比较大的分歧，有的倾向于在暑期，有的希望在课程进行之中，在此的应对策略我们认为应以灵活掌握为宜。选择合理的开课时间的同时还要选择合适的开课地点，当前各高校实践活动的场所60%以上都集中在校园以及课堂，而在更广泛的城市、农村、企业等场所开展的活动还很少，有待于进一步挖掘。

其三，寻找理想的实践教学组织形式。调研结果显示理想的实践教学组织形式是自由组合并结成学习小组的形式，师生们都认为这种形式最能够调动学生的积极性和主动性，但这种形式也

---

① 统计结果为："思想道德修养与法律基础"为76%，"马克思主义基本原理"为70%，"毛泽东思想和中国特色社会主义理论体系概论"为63%，"中国近现代史纲要"为62%，"形势与政策"为36%，而思政课实践教学单独设为一门课程的仅为24%。

为教师的组织管理以及学生之间的沟通联系提出了挑战，它既对教师在相关实践教学环节中的专业能力和组织管理水平等方面都提出了很高的要求，也对学生的自我控制以及教师给予学生的监管提出了很高的要求。挑战与机遇并存，要实现理想的实践教学效果就必须实现如上要求。

其四，确立灵活的选课方式。目前的选课方式70%以上都属于固定的教学安排，无须其他选择。这样的情形肯定无益于学生个体性和自由性的发挥，也很难形成有特色、高效率的实践教学形式。对于教师来说，在选择承担实践教学任务之时，80%以上的老师都是必须承担的，这自然难以调动教师自身的动力，也很难发挥教师自身专业的优势，所以，灵活的选课形式不只是针对学生选课而言的，并且也是针对教师能够通过什么形式承担任务来说的。

其五，处理好实践教学环节与第二课堂的关系。从调研反馈的结果来看，目前很多高校的实践教学环节与其第二课堂等其他实践教学环节的区别度不大，有的学校甚至还将两种形式合二为一，这些情形虽然有助于发挥学工队伍的资源优势，但因为二者在性质上的本质差异，将二者区分开来并发挥各自在锻炼学生实践能力之中的优势，更是值得肯定的途径，也是解决问题的思路。

五、克服实践活动中的主观障碍和客观消极因素

要改善当前实践教学处于发展瓶颈的现状，就要克服活动中存在的各种不利因素的影响。实际上，在实践教学的具体实施过程之中，无论是教师还是学生，都或多或少地存在一定的主观性障碍和客观的消极因素，克服这些障碍和消极影响因素将有助于实践教学的进一步发展。

其一，这些主观性障碍对学生来说，主要表现在他们时间和精力的有限（如来自专业课学习和社团活动等方面的压力）以及目标不明确和缺乏参与动力等两个方面。从教师来看，也主要表现在

时间和精力有限（如来自理论课教学和科研等方面的压力）以及如何保证实践教学环节的高效率两个方面。对于上述主观性障碍的克服既要求学生和教师处理好实践教学与学生自身的专业课学习或教师自身的理论课教学以及科研工作等方面的关系，也就是说，师生们要对这些关系进行适当的调节，同时也要求如上所说的，要通过各种手段和形式调动师生双方承担或参与实践教学活动的主动性和积极性。在客观方面，各高校如何通过有效的政策和规章保障以实现实践教学与专业课教学、理论课教学与科研工作等诸多方面的有机统一至关重要。

其二，客观的消极因素无论对于学生还是对于教师来说，经费、场所等物质条件的保障都是影响最大的。此外，班级规模过大、实践教学形式陈旧也是客观上制约实践教学成效的重要消极因素。上述这些因素，从学校的层面来说，它们能够反映各个高校对于思想政治理论课实践教学环节的重视程度；从更为宏观的各级教育行政管理部门来说，它们也能反映各级教育行政管理部门对于思想政治理论课实践教学环节的重视程度。

综上，要克服实践活动之中的主观障碍以及客观消极因素，就要综合地和全方位地寻找自己学校的不足并加以改进。大致的思路是在宏观的学校层面，加大经费投入以保障实践教学学时、课程规模、工作量等重要指标的落实；在中观的课程组织实施部门（主要是马克思主义学院或思政部）层面，要建立合理的考核评价机制，丰富实践教学环节的活动形式；在微观的教师层面，要加强指导和管理，调动学生参与活动的积极性。

六、增强考核评价环节的科学性和合理性

加强考核评价环节的科学性和合理性是保证实践教学质量的最终环节。当前各高校的实践教学在考核评价方式上总体趋于“保守”，要改变这种状况，就要“综合创新”地确保考核评价环节的

科学性和合理性。

其一,师生们指出,在考核评价方式上,要注意以照片、视频、PPT、应用程序等多种形式作为以往的调研报告和研究论文等固有形式的有效补充,甚至口头总结在一定的形式之下也可以成为一种尝试。

其二,在成绩评定环节上,分数定量评定、优良中差等多层次评定,以及合格或不合格等两段式评定要结合起来,即根据不同的实践教学形式采取不同的成绩评定方式,而不能所有的实践教学形式都采取一种评定方法,或者同一种教学形式始终不改变评定方法。

其三,考核评价之中最为核心的问题就是增强考核过程的客观性和公平性。考核的成绩是学生实践小组组长进行评定、所有参与学生选出一定数量的代表进行评定,以及教师深入了解多方情况进行评定等多种评定形式相结合而产生的,以确保评价既可操作又不失公允。

其四,要保证考核的科学性和合理性,还要强调过程与结果相统一的原则,既不能仅以学生参与实践的最后结果作为考核的唯一标准,也不能以学生参与实践活动的某个过程作为考核的唯一标准。

第五章　研究生思想政治理论课的发展

研究生思想政治理论课也是大学生思想道德教育的重要载体，它对整个大学生群体思想道德素质的提升发挥着重要的作用。对于研究生思想政治理论课的发展，我们作出如下尝试：首先，构建科学有效的研究生德育评价体系；其次，寻找改善研究生群体心理健康状况的教育对策；最后，以自然辩证法教学结合科技道德教育的视角探讨如何提升研究生思想政治理论课教学质量的问题。

第一节　研究生德育评价指标体系的构建

当前，研究生德育工作缺乏科学的评价指标体系是导致研究生德育过程缺乏针对性、德育效果不甚理想的一个重要原因。借鉴国外先进经验，联系我国研究生德育工作实际，按照科学的原则构建研究生德育评价指标体系，对于加强和改进研究生德育工作、提高其实效性具有重要的现实意义。

一、构建研究生德育评价指标体系的意义

德育评价是德育过程的一个重要环节。研究生德育评价是根据研究生德育的各项客观指标，对研究生德育工作进行定性定量

分析，以评价其工作成效的过程。建立系统、科学的评价指标体系，为研究生德育评价提供可靠的标准和依据，是提高评价水平、取得有效结果的前提。

构建研究生德育评价指标体系有助于全面、正确地认识研究生德育效果，为进一步改进研究生德育工作提供依据。研究生德育工作的复杂性决定其成效绝不是用一两个方面的事实和数据能全面反映的，而要针对实际提出全方位的评价指标体系。首先，只有全面地、正确地判断研究生德育工作的效果，才能对研究生德育工作产生积极的影响。因为只有对研究生德育成绩、德育经验的令人信服的评价，才能够有效地巩固、拓展、深化教育效果，促进受教育者提高思想道德素质的主动性和自觉性；只有运用科学、系统的评价方法对德育全过程及德育客观效果进行全面的评价，才能得出正确的评价结论，帮助受评者进行自我检查，推动其进一步端正德育态度，改进德育内容和方法，不断提高德育质量。如果仅仅满足于某一方面工作成效的取得而无视其长远的、综合的，甚至是负面的影响，将无法从根本的意义上提高研究生德育质量。其次，研究生思想意识的潜隐性和德育工作的模糊性决定着，简单地用某种评价方法难以得出客观、实际的评价结果，必须综合运用各种评价方法才能得出接近实际的结论。例如定性分析方法对于把握研究生德育工作中共性方面的规律发挥着重要作用，但是仅仅依靠定性分析又极易导致千篇一律、千人一面的现象，忽视相同性质问题上的层次和数量的差异性，难以发挥德育评价的选择与教育的功能。根据实际情况，在定性分析的基础上运用定量分析的方法，建立研究生德育评价的量化指标体系，有助于全面把握和具体认识研究生思想状况的共性和差异性，以提高工作的针对性、实效性。全面、系统的研究生德育工作评价指标体系，有助于不断根据研究生德育工作已有经验对其未来发展动向作出科学的预测，从而增强工作的主动性、预见性。这个体系指标的建立还有助于分析影响研究生思想发展的多种因素，提高研究生德育工作的有序性、协调性；能使德育工作者对研究生德育工作的目标、政策具有更加清晰、具体的认识和理解。

二、国外研究生德育评价的启示

对美国、日本和法国等国家以及我国研究生德育评价状况和经验的研究表明，研究生德育评价的重要性日益得到广泛重视，各个国家因自己的传统不同而形成了各自不同的特点，这对我国研究生德育评价指标体系的构建具有启发意义。

美国德育评价内容丰富、方法现代、针对性强。在经历了严重的社会道德危机之后，从20世纪60年代到70年代，道德教育和道德评价开始引起美国社会的广泛重视。随着道德教育的深入开展，人们开始对德育效果进行广泛的关注，有关教育测量的经验和技术被引进到德育评价中来，如德育政策分析(policy analysis)、德育实验分析(experiment designs)、德育定性分析(qualitative analysis)和德育选择分析(electic designs)等评价迅速发展。其评价指标包括知识目标评价、情感目标评价、诊断性评价、形成性评价和终结性评价等。在德育评价过程当中综合运用了各种方法，例如：构造性陈述(constructed statements)、呈示性陈述(presented statements)、现场观察(on-site observation)、场外观察(off-site observation)等，把一般教育评价的理论用于德育评价，大大提高了评价的效率和水平，为美国的研究生德育评价提供了一定的理论基础和技术支持。同时，由于美国学校许多德育方案都是由各种基金会资助的，这些基金会需要看到真实可信的教育效果，以便决定是否让学生继续接受这类教育，使得美国研究生德育评价具有充足的物质支持以及信度与效度保障。总之，美国的德育评价侧重于学生个体的道德发展，针对性、阶段性强，强调评价本身的道德性和客观性。

日本的德育评价内容全面，并把民族性与人类性统一起来，突出阶段性和角色的特征。在评价目标上，他们把个人与社会统一起来，既注重塑造特定社会角色的人，又重视道德对人本身发展的意义；在评价内容上，既重视认知和行为，又注重情感和能力，既强调道德的民族性，又承认道德的普遍性。可以说，这是对东西道德文化的兼收并蓄。在经济全球化的背景下，日本的德育评价对我们加强对研究生群体民族意识、民族情感、民族精神的培养和评价不无启发意义。

法国德育评价强调德育的目标性。它主张教育的目标旨在培养自由社会的公民，给每个青年以个性和职业的双重教育，使所有人在学校和生活面前机会均等。为确保教育目标的实现，法国把教育评价以法律的形式规定下来，1975 年通过了《75～620 教育法案》，明确规定其德育目的之一就是要培养具有民主法制思想、追求自由并能自律、热爱法兰西民族与文化的人。他们注重德育的系统效应，防止家庭、学校、社会之间脱节而形成“5＋2＝0”的现象(即 5 天的学校道德教育加上 2 天的家庭教育和社会生活影响，其效果为 0)。加强家庭、学校、社会之间的密切联系，不但有利于协同施教，而且拓宽了德育评价信息来源的渠道。可见，注重各种德育因素和力量的协调以及德育评价对象的社会化是法国德育评价的最大特点。总之，法国对我们的启示在于要加强研究生德育评价中德育目标的评价，注重对德育各因素协调程度以及研究生社会实践能力的评价。

德育作为我国高等学校的首要任务，当前基本实现了包括德育评价在内的德育工作组织化和制度化。对学校整体和对学生个体的德育评价的定期实施，极大地推动了学校德育工作的改进和学生思想道德素质的提高。但是也存在一些误区，主要表现为：首先，以管理取代德育的倾向。强调管理育人的理念，使得从事德育工作的人相当一部分成为管理者，这虽然在一方面发挥了将德育寓于管理之中的优势，同时在实践中也出现了以管理替代德育的倾向，导致了“德育评价是一种管理手段”的认识误区。其次，德育评价方法、技术、指标还不够完善。例如方法单一、技术陈旧，某些评价指标存在明显的概念化、形式化、主观性的弊端。最后，德育评价的功利化的倾向。由于过分强调德育外在的、现行的、直观的效果，如学习态度转变带来的学习成绩、业务水平提高等，忽略了德育在建构理想人格和促进个体发展方面的独立价值，表现为过分强调品德因素在研究生实际科研能力中的作用，而忽视了研究生综合素质的提高。

三、构建研究生德育评价指标体系的原则

根据我国研究生培养目标，我们认为，构建研究生德育评价指标体系，应当遵循如下原则。

（一）一般性原则

其一，方向性原则。德育评价从实质上来说，属于教育的职能，具有教育的社会属性。按照什么样的思想体系和社会规范、朝着什么样的社会发展目标和价值取向开展评价工作都直接影响着研究生思想道德素质的发展方向，这是评价工作的根本问题。建立研究生德育评价体系指标时，要充分体现这种方向性，所设立的评价指标必须根据党在社会主义初级阶段的基本纲领和社会主义社会的价值取向，符合坚持四项基本原则和改革开放的要求，有利于研究生树立正确的世界观、人生观和价值观，使其成长为社会主义事业的建设者和接班人。

其二，教育性原则。德育评价作为一种社会价值判断的过程，也是一种有效的教育手段，是评价者对受评者实施综合影响的重要途径。德育评价的整个过程，从开始到结束，其中的每一个环节都会给受评者以不同程度的教育。但是，这种评价性的教育方式不同于一般意义上的教育活动，其教育效果主要取决于评价者是

否有明确评价的意图、所选择的评价内容和方式以及实施的评价方案是否体现了教育目的。只有坚持教育性原则,站在“教育”这样一个战略高度上,本着教育的意图,从教育受评者的立场出发,才能建立科学的评价体系,从而通过评价活动全面地贯彻党的教育方针,培养研究生良好的思想道德素质,增强整个德育工作的实际效果。

(二)具体的原则

德育评价指标体系的设计要符合科学性的原则,按照指标与指标之间的内在联系明确指标的内容。对指标体系和指标组合的特定的要求体现为以下六个方面的原则。

其一,一致性原则。一致性也就是指标与目标必须一致。目标是抽象的、高度概括的,只有将目标分解成一系列指标,才能实施评价工作。所以,指标作为目标的反映,必须与目标保持一致,必须能够充分地反映目标。一致性具体地表现为评价的指标要求和方向必须与目标的要求和方向相一致,并且各个指标间也应保持一致性,不能把两项相互冲突的指标放在同一评价系统中。

其二,独立性原则。独立性是指指标体系内部的各项指标之间必须是互不重叠的,指标之间可以存在包容关系,但不应当完全相同或重复。如果出现了重复测定,除了增加了评价工作量,还造成了结果的误差。

其三,完备性原则。完备性是指设计的指标体系必须能充分地、完整地反映目标。因为每一个指标都是目标的一个方面的反映,只有指标的全体才能全面地反映目标。因此,必须使整体目标存在于指标的总和之中,表现在整体完备性的指标体系之中。

其四,可测性原则。可测性是指所设计的指标应当能够用操作化的语言加以描述;指标所规定的内容能够通过实际观察或测量的方法获得确切的反馈信息,并得出明确结论。从可测目标开始,实际上就是从研究生的思想政治品德个别特征和现象着手,进而认识研究生的整体思想面貌和本质表现。

其五,可比性原则。可比性是指指标必须反映受评对象的共同属性,测量的结果可以进行科学的比较。这种可比性要求包含两个方面的意思:一是在提出一项指标的同时必须确定相应的可比尺度,只有按照同一个尺度的要求才能比较和区别,看出相比物之间的差异;二是可比性要求是以受评者之间评价的内容、属性必须保持质的一致为前提的。

其六,可接受性原则。指所设立的指标应符合实际,能被受评者接受,具备实施的主客观条件。

四、研究生德育评价指标体系的基本框架

由于研究生德育是教育者(教育部门或工作人员)依据教育目的和计划对受教育者(研究生)施加教育和影响的过程,也是受教育者接受教育并不断反作用于教育者的过程。因此,研究生德育评价指标体系的基本框架包括对受教育者评价、对德育工作者的评价、对德育工作部门的评价和对德育效果的评价四个方面。

(一)对受教育者的评价

对受教育者的评价是整个评价体系的中心环节和基础。对受教育者的评价包含两个方面的意义:第一,对受教育者的评价是德育工作的前提和起点。只有在认真调查研究和切实评价的基础上,对受教育者的思想道德素质现状做出科学的评估和描述,才能制定出正确的教育计划,并付诸实施。第二,对受教育者的评价是对德育结果的检验。要想对已经实施的教育过程的成败和经验教训做出评价,最基本的方法是对受教育者进行科学的评价。

正确地对受教育者进行评价,必须依据唯物辩证法观点,运用恰当的理论和方法。研究生教育区别于本科生教育,其培养目标是更高层次的行业业务骨干和带头人。研究生经过了本科阶段的思想政治理论课学习,接受了基本的道德规范、法律观念和马克思

主义基本观点的教育，思想比较成熟，分析问题、解决问题的能力较强。他们曾是本科生中的佼佼者或是工作岗位的精英，其中党员较多，政治素质较高，成才意识强，具有强烈的成就感。所以，研究生的德育工作应突出“自我教育、自我管理、自我约束”。在进行德育评价时要进行客观的分析，有针对性地了解他们的思想现状，不仅要在更深层次上了解他们的世界观、人生观、价值观、择业观的问题，引导他们拥有正确的政治方向、严谨的治学态度、高尚的道德情操；还要更多地有针对性地引导他们处理好经济问题、家庭问题、婚姻恋爱问题及其他的社会问题。

（二）对教育者的评价

教育者在整个德育教育中始终居主导地位，起主导作用。对教育者做出正确的评价是提高教育者的素质、改进德育工作的重要环节。对教育者的评价主要包括两个方面：第一，对教育者的素质进行评价。主要是对教育者在一定时期内的政治素质、思想素质、道德素质、智能素质和心理素质做出正确评价，并在评价的基础上提出提高教育者素质的意见。第二，对教育者队伍结构状况的评价。教育队伍结构是教育者素质的重要反映和表现，评价教育者不仅要对教育者个人素质进行评价，而且要对教育者队伍的整体素质进行评价；不仅评价其外在表现，而且要找出导致问题的原因，以便制定提高教育者素质的措施。

研究生的培养方式确定了导师在研究生德育多种渠道中的重要地位。研究生培养是按照专业或研究方向进行的，研究生的入学教育、培养计划的制定、科研实践、论文选题、论文写作无不在导师的指导之下进行，导师的学术思想、治学态度、政治倾向、思想作风、人生观、世界观都能在朝夕相处间潜移默化地影响研究生，因而在对教育者评估中应突出对导师这一重要教育者群体的评价。

（三）对德育工作部门的评价

德育工作部门对德育负有决策、实施、检查和督导的重大责任，对德育工作的全局具有决定性的影响。因此，在一定时期对德育工作部门作出正确评价具有十分重要的意义。对德育工作部门的评价，主要是对影响全局的指导思想、制度管理和人员素质进行评价。如德育工作的检查、督促和落实情况，德育工作及管理的有关制度和规定是否科学与合理；德育工作人员及队伍的思想建设、作风建设和组织建设状况（考核、培训、提高等），以及德育的基本理论研究和调查研究开展的情况等。只有教育部门的评价和建设搞好了，德育才可能获得正确的和坚强有力的领导。

高等学校是社会主义精神文明建设的重要阵地，研究生德育工作在高校中具有特殊的地位和作用。评价研究生德育部门就是要看其是否全面贯彻党的教育方针，正确地处理改革、发展、稳定的关系；是否全面提高培养质量，把研究生的道德建设摆到突出的位置上；是否大力宣传党的路线、方针、政策，坚持不懈地进行爱国主义教育，坚持以马列主义为指导，坚持理论联系实际，做到为社会主义精神文明建设服务，为上级领导决策服务，为育人服务；是否在研究生的培养教育和管理工作中形成讲道理、讲奉献、讲责任、讲道德、讲文明、勤俭节约、艰苦奋斗、遵纪守法、勤奋学习的良好风气。同时，评价党团组织的工作，要看党团组织是否针对研究生的特点生动活泼地、有创造性地开展德育活动。

（四）对研究生德育工作过程的评价

德育效果是德育工作过程的直接产物，只有德育工作过程完善且合乎规律，才能产生良好的德育效果。根据德育工作过程的复杂性和广泛性的特征，研究生德育评价指标体系可以分成横向与纵向两种评价。横向评价是指德育系统是否与社会大系统之间形成了教育合力。它既考察德育系统是否能很好地吸取社会信息渠道中的积极因素，抵制和排除消极影响因素，又要考察其是否使社会环境、家庭、学校或单位之间形成立体教育的网络,从各个不同的角度向受教育者施加教育影响;横向评价还指德育教育系统内部各个子系统之间能否发挥综合作用,也就是,考察德育教育目标是否与德育的内容、方法、途径等保持了内在的一致性。纵向德育评价主要是指,考察德育是否把握住了工作的连续性和阶段性的统一。这种评价目标要始终如一,由浅入深、由低到高、循序渐进地逐渐升华,形成教育的良性循环;按照受教育者的思想行为形成、发展的特点和规律,按照德育的规律和特点,根据研究生的不同思想层次,有重点、有步骤地进行教育,使德育效果呈现出一个螺旋上升的发展趋势。

五、构建研究生德育评价指标体系应注意的几个问题

(一)评价范围上的综合性

研究生德育评价指标体系首先要具有综合性。由于研究生群体异质性较强(生源渠道不同、社会阅历不同、思想基础不同,等等),在进行德育评价时,应注意全方位把握评价对象,不仅要注重对政治、思想、道德诸因素进行评价,而且注意从知、情、意、行等各个层面上对各种因素进行综合判断;不但应注重研究生的在校表现,而且应注意研究生的社会表现。这就要求德育评价指标的设立应以研究生的思想、情感、态度、劳动、学习、工作表现等精神因素为主,还应该包括德、勤、能、绩各个方面的表现,由此作出综合性的评价。

(二)评价方法上的创新性

研究生德育评价要善于运用现代科学和技术手段收集和分析思想信息。研究生群体是一个具有特殊内涵的群体,他们受教育多,知识面广,接触当今科学技术前沿,对于德育评价方法的科学性和手段的技术化程度都有着极高的感知度,对德育评价方法和指标体系科学性要求也高。同时,由于研究生的专业分散、研究方

向不尽相同，其教学和科研的主要组织形式呈分散性，管理难度较大，加之研究生个体在经历、素质、性格、思想基础等方面的差异，对德育评价方法就提出更高的要求。不断根据研究生的各种思想和情况变化，实现德育评价方法的创新，对于提高评价质量具有重要作用。

（三）注重发挥自我评价的作用

研究生群体的自我评价，既能使评价对象更清楚地认识自我、把握自我，又能充分调动评价对象的积极性，更好地发挥德育评价的教育作用。研究生群体具有较强的独立性，具备了思考问题、分析问题的能力，自我剖析能力不断提高；接受了系统的教育后，对自身有了清楚的认识，能够以道德规范和道德原则指导自己的行为。研究生在积极投身于社会实践活动的过程中，还增强了理性认识，能够比较客观地看待和分析自身面临的社会问题，对党和政府在工作中的实际成效或问题能作出客观的评价。综上，研究德育评价具有“四自”的特点，即“自我教育、自我管理、自我约束、自我服务”，充分发挥研究生自我评价的作用是研究生德育评价的重要方面。

（四）注重德育教育过程的评价

从某种意义而言，研究生德育评价的过程重于结果。研究生群体的成熟性、差异性和高知型等特点，决定了研究生德育评价不能仅仅满足于给研究生思想道德素质下个结论、贴个标签，这是无法达到教育目的的，也不利于研究生认清自我、调动主观能动性和积极性。研究生德育评价更应注重对教育过程以及对自身思想道德素质形成过程的评价。德育评价者平时应注意研究评价对象思想道德素质发展过程中的共性规律和个性特点，通过考察评价其行为习惯和思想倾向，考察其知情意行的转化机制，找出主客观原因，做到在教育过程中评价，在评价中促进研究生群体思想道德素质的改善和提高。

第二节 自然辩证法教学与科技道德教育

目前,欧洲各国和美国都非常重视对青年科技人员进行科技道德教育,在大学里普遍设有科学道德课或工程伦理课。在我国的课程体系中,没有专门的科技道德教育课程。当前我国科技工作者的科技道德问题不容乐观。从众多国内顶尖学府中披露出的造假事件,给中国的科技界敲响了警钟。当越来越多的学者学术失范的时候,对于研究生这些未来科技工作者群体进行的科技道德教育就越来越迫切。

一、自然辩证法教学中渗透科技道德教育的可能性

自然辩证法的教学内容与科技道德教育内容有着天然的联系。自然辩证法阐述的是科学技术是什么,科学技术与社会的关系。科技道德教育讲授的是科技工作者在从事科学技术研究中应该遵循的道德规范,也就是讲授科技工作者在他们的职业生涯中应该做什么的问题。"应然"是建立在"实然"基础之上的,科技道德的确立必然以"科学技术是什么"为基础。只有依靠对科学技术本质的考察和深刻认识,才能更好地制定、理解和坚持这些道德规范。

在自然辩证法课程教学中渗透科技道德教育,是专门德育之外的领域开展的渗透性道德教育系统的一个重要组成部分。渗透性道德教育在许多国家的教育实践中得到了广泛的重视。例如,目前在美国广泛兴起的品格教育运动,也强调不要就品格谈品格,而应将道德的培养渗透在各门课程中。[①] 我们在自然辩证法课程

① 参见班建武《美国的品格教育运动及其对我国德育的启示》,《外国教育研究》2005 年第 6 期。

教学中渗透科技道德教育，正是适应了渗透性道德教育这一趋势，是自然辩证法课程教学特点和科技道德教育迫切需要的共同要求。

二、自然辩证法教学内容与科技道德教育的结合

(一)结合自然辩证法教学内容，渗透科技道德基本规范教育

对研究生进行的科技道德教育，首先是科技道德基本规范的教育，包括专业素养、协作精神、谦虚、严谨、诚实等微观层次和社会责任、环境责任、和平、社会福利、性别平等等宏观层次的科技道德规范。[①] 在尊重自然辩证法较为成熟的教学体系和教学内容的前提下，在教学中渗透科技道德教育主要有以下两个途径。

其一是拓展部分章节内容，实现从实然到应然的飞跃。像研究生这样处在后习俗道德水平的人在考虑道德问题时，是力求从价值观和原则本身的正确和应用价值来解释道德准则的。在教学中，我们结合研究生所处道德阶段的特点，通过对部分章节内容适当地拓展，使学生认识到科技道德不是科研活动之外强加的标准，而是科研活动内在的组成部分，这些道德原则经得起逻辑推敲，具有普遍性和一致性，从而有助于他们在科研活动中更好地遵守科技道德。

例如，在讲述科学交流的问题时，我们向学生讲解科学共同体的正常交流是以其成员的诚实为基础的，也正是这种诚实，才使每位科学家“站在巨人的肩膀上”，使科学共同体高效率地进行连续研究。反之，如果没有这种人人遵守的诚实，一切人的研究都必须从零起步。“诚实”是维系科学共同体和科学进步的命脉。通过科

---

① 参见董群《国际社会科技伦理的发展趋势——以几个重要文件为背景》，《东南大学学报》(哲学社会科学版)2006 年第 4 期。

学共同体需要科学家的诚实来维持这一“实然”，推论到科学家应该诚实这一“应然”，自然而然地对学生进行了科技道德基本规范教育。

其二是从科学技术史中精选教学案例，用优秀科学家崇高的榜样力量感染学生，从而帮助学生形成良好的科技道德。自然辩证法课程的教学无疑要涉及科学技术活动的主体，在教学中我们根据教学内容的需要，适当选取一些情操高尚的科学家的事例，从而达到渗透性德育的目标。例如，讲解科研选题的原则时，我们以袁隆平选择水稻杂交课题的经历为例进行讲解。袁隆平亲眼见过人们饿死的凄惨情景，因此将“所有人不再挨饿”奉为终生的追求。这样的案例教学，不仅讲解了科学选题中“社会需要”的原则，而且用袁隆平那种济世情怀、对生命真挚的呵护与关爱的榜样力量，对学生进行了生动的科技道德教育。

（二）结合学生专业背景，渗透专业伦理教育

科技高度发展和分化的同时，在每一个专业，甚至是某一个专业的具体研究问题中都引发了各自独特的伦理问题。为此，有必要在进行科技道德基本规范教育的同时，结合学生专业背景，向学生有针对性地介绍一些专业伦理的内容。

在自然辩证法教学中渗透专业伦理教育主要有两条途径。其一是与科技道德基本规范教育结合起来，引导学生将基本规范应用在专业领域中。例如，在讲解自然观中可持续发展的内容时，仅仅引入“社会责任”和“环境责任”这样的基本道德规范是不够的。我们还要结合学生的专业背景，讲述与可持续发展所倡导的理念相符合的绿色化学、绿色工程、绿色建筑等绿色科技观的内容。通过将道德基本规范与学生的专业结合在一起，可以启发学生在实践中结合自己的专业研究在科研活动中承担社会和环境责任。其二是根据自然辩证法教学体系和内容的要求，在相关部分拓展专业伦理教育内容。例如，在讲述“技术伦理”的内容时，不只是局限

于讲解现代技术发展所引发的各种伦理问题，而是针对学生的专业，有选择地进行环境伦理、生命伦理、工程伦理等专业伦理的讲解。这样就能够帮助学生树立专业伦理意识，对专业领域中的伦理问题有所察觉和思考。

三、结合教学方法，启发、引导学生终身完善科技道德

雅斯贝尔斯说："以正确的方式传授知识和技能，其本身就已经是一种对整个人的精神教育。"①杜威也说过："每一门学科、每一种教学方法、学习中的每一偶发事件都孕育着培养道德的可能性。"②在教学中，通过教学方法渗透科技道德教育也是一条重要的途径。

教师指导学生广泛阅读并撰写小论文是科技道德教育的重要方法。通过指导学生广泛地阅读科学家宣言、科学学会或协会的专业伦理章程和科技伦理著作等不仅能让学生感受到科技道德受到的广泛关注，提高他们对科技道德的重视程度，而且为他们遵守科技道德规范提供了指导。这样，至少学生不会像黄禹锡那样，不知道自己专业领域最基本的伦理规范。指导学生撰写小论文可以启迪学生关心、发现和探讨自己专业领域的伦理问题，为他们在未来的职业生涯中理性地面对和处理各种道德问题做准备。20 世纪 70 年代初，伯格教授在基因重组技术取得重大突破的时候，意识到基因重组可能造成一些无法预计的后果，主动暂停自己的实验。也主要是在他的推动下，"重组 DNA 分子国际会议"召开，制定了若干原则和规范，以保证不对社会造成危害，这是生命科学家们首次出于伦理考虑，主动暂停具有前景的实验，并采取限制性措施。科

① [德]雅斯贝尔斯著，邹进译：《什么是教育》，生活·读书·新知三联书店 1991 年版，第 149 页。

② [美]杜威著，赵祥麟等译：《学校与社会·明日与学校》，人民教育出版社 2005 年版，第 158 页。

学无国界，但科学有禁区。科学技术的迅猛发展将不断产生新的科技伦理问题，因此，在自然辩证法中渗透科技道德教育，不能仅仅满足于向学生渗透现有的基本的科技道德基本规范和专业伦理的基本观点和原则，也应该启发、引导学生终生关注、学习和研究科学技术发展中的伦理问题，终身完善科技道德，终身有道德地行动。

居里夫人曾经说过："要想建立一个美好的社会，社会中的每个人必须受到很好的教育，具备良好的素质。如果每个人都尽力完善自己，又共同分担社会的责任，尽力尽心于自己的本职工作并以最有益的办法帮助他人，我们的社会必然会进步，走向美好。"① 如果广大自然辩证法教师勇于承担研究生科技道德教育的责任，积极探索并在教学中将科技道德教育渗透到教学中，这对于国家、社会和学生都将是功德无量的事业。

第三节　研究生心理健康教育误区及对策

当前我国高校与社会正处于全面改革的转型时期，心理技术在高校中的应用适应了新形势的要求，更新了高等教育的教育观念，丰富了教育内容，健全了教育方法，加强大学生心理健康教育成为新时期高等教育的热点、重点和难点。但就高校中研究生这一层次的群体而言，这方面的探索和工作尚很薄弱，加强和改进研究生心理健康教育具有重要的理论和实践意义。

一、当前研究生心理健康教育的主要误区

近年来，各地高校和教育工作部门在推进研究生心理健康教育工作方面做了大量工作，进行了积极的探索，取得了一些成功的

① ［法］玛丽·居里著，杨建邺译：《居里夫人自传》，中国致公出版社 2006 年版，第 22 页。

经验和明显的效果。但目前这项工作在全国高校的开展还很不平衡,一些高校对研究生心理健康教育的目标、内容、特点和规律还缺乏足够的认识和研究,导致教育过程存在以下误区,这是推动研究生心理健康教育工作进展的主要障碍。

(一)教育地位轻视化

研究生是学校培养的最高层次人才,他们的素质关系到国家的前途和命运,他们的心理健康水平是其成才的重要因素,因而研究生心理健康教育不容忽视。长期以来,人们对高学历人员心理素质的培养存在一些认识上的误区,忽视心理健康教育在研究生教育中的地位和作用。有的人认为,高学历人员作为社会人群中的佼佼者,除了具有扎实的理论功底之外,必然还具备良好的心理品质;而当前研究生心理健康教育没有明确的要求和具体的目标,因而不能得到充分的重视甚至被放任自流。还有的教育工作者认为研究生已属成人,个人的心理品质已基本定型,培养难度大,见效慢,不如转而投入其他工作;在广大研究生群体中又有许多人认为研究生的主要精力应该放在学习、科研上,心理健康问题只是个性的表现,可以不接受治疗。上述现象都是忽视心理健康教育的种种表现。

(二)概念界定混淆化

当前研究生心理健康教育的主要误区还表现在对心理问题概念界定的混淆化,片面地认为心理问题等于精神病,心理健康教育的过程等同于心理疾病的治疗过程,心理诊断和心理治疗的意识较浓,心理咨询和心理辅导的意识较淡。具体表现在教育过程中即调适研究生心理障碍的问题较多,解决他们学习、生活、交际过程中的一般心理问题较少,以至于很大一部分学生无法接受自己心理健康状况不良的事实,谈心理色变或避而不谈,对心理咨询、心理辅导、心理健康教育存在神秘感和恐惧感,有的甚至持鄙视态度,更不要说通过心理健康教育来改善心理健康状况。只有正确界定心理健康教育与专业心理治疗的关系才能顺利地在研究生群体中开展心理健康教育。

（三）方法体系雷同化

研究生心理健康教育尚未得到全社会的充分重视，理论和实践的探索还有许多不完善之处，表现在教育方式上就是尚没有形成完整的、独立的研究生心理健康教育体系，没有形成非常适合研究生心理特点的教育理论和方法。当前针对研究生进行的心理健康教育主要采用大学生心理健康教育的手段和方法，而研究生的心理特点又与本科生具有明显的差异性，研究生的心理问题倾向从本科生的交往障碍、思想不成熟为主转变为对未来无把握而产生的不安感和恐惧感；此外多数研究生学习经历一帆风顺，受到社会的厚爱和同龄人的羡慕，更易形成较强的优越感；研究生的心理健康状况多与社会大环境息息相关，他们更多关注社会，思考未来，积极地寻找个人成长与社会发展需要的结合点，以期最大限度地追求自我，讲求实效等，这些心理特点应当是实施教育内容，采取教育方法的基础。这要求研究生的心理健康教育工作在借鉴本科生心理咨询、心理辅导、心理调节经验的基础上，不断丰富和完善教育方法，更新教育内容，建立适合研究生心理特点的心理健康教育体系。

（四）心理问题德育化

当前大学生心理问题日渐增多，各种心理障碍愈加明显，沿用旧一套的德育方式已不能很好地适应新的状况。而当前高校心理健康教育工作者队伍主要由德育工作者构成，他们之中的一些人因为对德育工作的理解存在片面性，又缺乏心理健康知识，不能准确了解研究生的心理特点，在教育过程中常常挫伤学生的积极性，使其产生逆反心理，达不到理想的教育效果；另一方面人们容易把个人动机、兴趣等心理问题简单地看成对物质利益的追求，而忽视社会变革给人们内心世界带来的震荡和冲击。与此同时受社会环境的影响，长期以来，人们往往把本属于心理障碍范畴的心理问题当作思想意识、道德品质问题和违法乱纪行为来处理，损害当事人的利益，对学校、国家也是损失。上述原因造成了心理问题疏导中的德育化，这种现象也是当前研究生心理健康教育的主要误区。

（五）德育问题心理化

现代德育最引人注目的趋势就是心理技术的导入，它丰富、发展和完善了现代德育操作体系，拓宽了德育范围，增强了德育实效。但近年来随着心理咨询、心理辅导、心理教育等工作的开展，心理健康教育不断得到国家、社会的重视，一些人便认为传统的德育已经过时，主张以心理教育取代传统的德育方式，特别是在较高层次的研究生教育领域更应发挥心理健康教育的作用。他们片面地把学生的思想道德、政治觉悟的问题与心理问题等同起来，主张用心理咨询、心理辅导、心理调适等手段取代传统的德育模式；有些人更夸大了心理健康教育在德育中的作用，认为心理咨询、心理辅导甚至心理健康教育完全可以取代德育，这种倾向又使心理健康教育矫枉过正，必然导致德育问题心理化的误区。

二、走出研究生心理健康教育误区的若干对策

当前研究生心理健康教育的若干误区是心理健康教育取得发展的主要障碍，因而必须采取积极的、具体的、有针对性的对策加以解决，达到加强和改进心理健康教育的目的。

（一）提高认识全方位加强心理健康教育

重视心理健康教育是现代教育思想的重要内容，也是高等教育面向现代化的必然趋势。一些教育工作者长期以来固守着落后、僵化的教育思想，在对待教育目的、教育内容、教育方法与手段等问题上没有树立符合现代社会需要、适应学生实际心理健康状况的教育思想。这种状况更突出地表现在研究生教育上。当前要以实事求是的态度，从对研究生个人负责、对国家研究生教育负责和对“科教兴国”战略负责的态度，充分认识到研究生心理健康教

育的重要性和紧迫性,从国家到各地高校再到广大教育工作者的各个教育层次齐抓共管,全方位加强研究生心理健康教育,走出教育误区。

当前研究生教育在国家和各地教育工作部门的大力支持下,取得了显著的成效。在此基础上应更加充分地发挥心理健康教育在研究生教育中的重要作用,全面提高研究生的综合素质。国家要大力推进高校心理健康教育的普及工作,促进全国各高校研究生心理健康教育的交流和提高。加大教育资金投入,更新教育设备和教育手段,重视和加强对规模大、周期长、有创新的心理健康教育研究活动的支持,保证教育理论和教育实践的不断创新;全国各地高校要充分重视研究生心理健康教育工作的重要作用,加大教育力度,改善教育环境,加强心理健康教育工作队伍建设,寻求适合本高校研究生心理健康教育发展的途径;广大高校教师要树立心理健康教育是研究生教育必不可少的组成部分的观念,特别是心理健康教育工作者要不断学习心理学知识,创新教育内容,改进教育方法,提高理论研究能力和教育实践的指导能力,切实提高研究生群体的心理健康水平。

(二)明确心理健康教育的目标和任务

导致心理健康教育若干误区的重要原因还在于对心理健康教育目标和任务认识的模糊化和混淆化,广大研究生甚至心理健康教育工作者不能恰当地界定心理健康教育,更无从谈取得良好的教育效果。明确心理健康教育的目标和任务是顺利开展心理健康教育的前提。

研究生心理健康教育的目标在整个教育过程中具有导向的作用,心理健康教育应当培养研究生稳定的情绪、积极的心态、健康的人格、较强的适应能力,以此目标为基础进一步深化心理健康教育的任务,即根据研究生的心理特点,有针对性地讲授心理健康知识,开展心理辅导或咨询活动,帮助他们强化心理健康意识,优化心理适应能力，预防和缓解心理问题；帮助他们解决好情绪调节、环境适应、人格发展、人际交往、交友恋爱、求职择业等方面的困惑，提高心理健康水平，促进自身素质的全面发展。

明确心理健康教育的目标和任务首先要使研究生从心理健康教育与专业心理治疗混淆化的误区走出来，要使他们认识到心理健康教育的目标和任务是培养健康、完善的人格，这与医疗保健机构和社会咨询服务机构中的心理诊段和治疗不同，使他们克服对心理健康教育的神秘感、恐惧感和排斥感，逐步接受并认可心理健康教育。其次，当前高校应更加强调一些最起码的、最基本的以人格培养为主要内容的教育以及研究生学习、生活、交往中的发展心理问题的教育，如学生的社会适应、人际交往、职业选择以及应付挫折、情绪调节等方面心理健康问题的教育。心理健康教育在很大程度上就是通过完善人格、发展人格的手段达到教育目的的。

（三）促进心理健康教育与德育的协调发展

导致心理问题德育化、德育问题心理化的误区关键在于没有正确区分德育与心理健康教育的关系。走出这两个误区必须对二者作较为严格的界定。二者虽然在培养人格、完善人格、促进个性的全面发展等方面具有共同的目标，但二者在教育内容、教育方法、运行机制以及理论基础、具体任务等方面都有较大的差别。简单地说，德育主要解决人的思想道德方面的问题，而心理健康教育主要解决兴趣、动机、情绪、态度等问题。此外研究生良好的思想道德和政治素质是心理健康的重要前提和保证，而学生主体健康的心理状态又为其形成优良的道德品质和坚定的政治信念打下深厚的心理基础。走出德育与心理健康教育相互混淆的误区不仅要对二者进行区分，更为关键的是要正确地把握二者的相互联系，使二者相互协调，互相促进，共同发展。要使德育成为心理健康教育的载体和依托，发挥德育在培养人格品质和健康心理素质中的重要作用；同时以心理健康教育丰富和完善德育的内容和手段，促进德育新的发展和提高。

当前高校促进研究生心理健康教育与德育的协调发展，首先要树立“大德育”观念，推进心理健康教育的发展。研究生德育作为培养高素质人才的重要手段，应突破传统的政治教育、思想教育、道德教育的三结构模式，把心理健康教育与德育其他组成部分较好地融合以形成政治、思想、道德、心理的四元德育格局。通过这种观念的转变使人们逐步认识并接受心理健康教育，以德育的优势使心理健康教育深入人心。其次要充分发挥心理健康教育的德育功能，促进研究生道德素质的提高。借鉴和吸收心理学学科理论知识和心理技术发掘学生心理活动的规律和特点，为新时期研究生德育工作提供健全的目标、崭新的观念、丰富的内容、灵活的方法，使研究生德育工作不断走向科学化。

（四）创新研究生心理健康教育工作体系

心理健康教育在我国已取得了一定的成效，但由于发展时间不长，基础薄弱，需要解决的问题还很多。当前加强和改进研究生心理健康教育要突出强调教育工作体系的创新。

首先，建立心理健康指导和管理机构。国家和地方主管部门成立研究生心理指导机构，把握心理健康教育的正确导向；各高校研究机构配备专业管理人员，建立培训基地，加强教育队伍建设，为做好心理健康教育的具体工作奠定基础。其次，实现德育工作者向心理健康工作者的转化。由于广大心理健康工作者主要由德育工作者构成，因而要实现他们在工作依据、工作重心、工作原则等方面向心理健康教育工作者的转化，切实提高研究生心理健康水平。再次，把好研究生入学心理健康质量关。招生复试要对考生进行心理健康检测，把检测结果作为录取新生的重要参考依据；也要对在校研究生进行定期的心理健康调查和检查，建立研究生心理健康档案，开展经常的、主动的、有针对性的心理健康教育。又次，积极创新教育方法。针对研究生心理特点，加强研究生校园文化建设，改善文化生活条件，开展丰富多彩、积极向上的学术交流、文体娱乐活动，提供各种社会实践机会，使研究生逐步适应社会生活，心理素质得到不断提高。最后，充分发挥指导教师在研究生心理健康教育中的重要作用。广大指导教师要加强自身修养，不断提高自身综合素质，学习相关的心理学理论知识，针对研究生学习、生活中的心理问题经常地、主动地与学生交流和沟通，发挥导师学高为师、身正为范的指导作用。总之，针对当前高校心理健康教育存在的若干误区，具体地、积极地采取相应对策，必将走出教育误区，促进心理健康教育的蓬勃发展。

第六章　新媒体环境下的大学生思想道德教育

当今时代是信息时代。信息技术的迅猛发展给大学生思想道德教育带来了巨大的挑战和机遇，如何应对这些挑战和机遇是当前大学生思想道德教育所面临的重要课题。首先，信息时代的信息伦理教育构成当前大学生思想道德教育不可回避的内容，可以从教育观念、教育原则、教育内容和教育方式等方面提出思想道德教育应对的策略；其次，利用以博客和微博为代表的新媒体开展思想道德教育将成为重要机遇；最后，运用 MOOC 技术创新思想道德教育的形式也是当前面临并要解决的问题。

第一节　信息伦理与大学生思想道德教育

自 20 世纪 70 年代以来，随着信息技术的广泛应用，尤其是计算机技术、多媒体技术和现代通信技术的结合，给人们的生产和生活带来巨大便利的同时，也产生了很多新的信息伦理问题。传统的道德教育在信息时代的背景下受到了挑战，信息伦理教育正在成为道德教育之中的重要组成部分。在信息社会里，是否能有效地开展信息伦理教育，对于构建和谐信息伦理秩序起着关键的作用，而高校又是开展这项教育的重要领域。因此，了解高校大学生信息伦理状况及高校信息伦理教育状况，找出其存在的问题，提出相应的信息伦理教育对策，努力通过课堂教学及生活实践使学生树立正确的信息伦理观念，并让大学生真正把信息伦理观念内化为自己的行动指南，对于提高大学生的信息伦理素养，进而提高全民的信息伦理素养，构建和谐的信息伦理秩序具有重要的意义。

一、更新信息伦理及其教育的观念

当前大学生的信息伦理状况不容乐观，大量不负责任的信息行为正猛烈地冲击着高校校园乃至整个社会道德秩序。究其原因，信息社会的虚拟性、开放性等特征使大学生的行为具有隐蔽性，他们实施行为时，摆脱了外在的舆论监督，很容易抛弃道德规范对行为的约束，因此，培养大学生的信息伦理意识就显得尤为重要。大学生只有具有强烈的信息伦理意识，才能激发自身的道德自觉性与主动性，才会在道德冲突中经受住考验，在自由开放的信息社会中做出正确的信息行为。在观念上，要转变大学生对于信息伦理的看法，并提高他们对于信息伦理教育重要性的认识。

（一）更新信息伦理的观念

要加强高校信息伦理教育，进而改善当前大学生信息伦理的现状，就要在高等教育中确立一种新的信息伦理观念，即大学生们需要确立的是积极的而不是消极的信息伦理观念。大学生在确立了消极的信息伦理观念之后只能让自己免受信息技术所带来的负面效应的影响，而并不能为负面影响的消除提出应对办法乃至付出积极的行动；积极的信息伦理观念则不只是对自身及周边科技发展所带来负面效应感到无奈，或者只是关注于自身信息伦理素养的提升，还要为自身、自身周边乃至整个社会信息伦理状况的改善尽到自己力所能及的努力。信息社会为大学生拓展了新的生存空间和发展空间，使他们的个性和自由得到了空前的张扬。然而，这种个性和自由不是任意的、无条件的，它必须以遵守信息伦理规范为前提，按照信息伦理原则和规范的要求，正确处理信息社会中的各种关系，自觉承担起个人对社会的伦理责任。可见，只有使大学生树立了积极的信息伦理观念，他们才能主动地去学习、接受信息伦理，内化为自己的道德意识，并表现为符合信息伦理规范的行为，进而享有真正的信息自由。

信息伦理不是脱离于传统的伦理、道德而独立存在的伦理。正如一些同学访谈调研①中所说的，"信息伦理不过是'一般伦理'在信息领域的再现，所以，大家只要注意到日常生活中的'一般伦理道德'，信息伦理就会逐渐变好"。这种观点在大学生群体之中具有一定的代表性，同时也具有一定的合理性。从理论上说，这里所说的"一般伦理"，就是我们通常意义上所说的伦理道德，它与信息伦理的关系表现在：从理论上说，"（一般）伦理"都具有应然性（应该怎样）的要求，信息伦理也同样具有应然性的要求，这正如"（一般）伦理"的应然性在指引人类行为文明进步的过程中起着重要的保障作用，信息伦理的应然性也在指引信息技术沿着健康轨道发展的过程中起着重要的保障作用；从实践上看，如果一个人的"（一般）伦理、道德"表现得好，那么他的信息伦理一般来说也会表现得好。但是信息伦理与"一般伦理"又有着不同之处，从理论上说，信息伦理不仅具有"一般伦理"所具有的应然要求，它还有着信息技术本身所具有的合理性和必然性，也就是说，信息技术的发展具有客观的、不以个人意志为转移的必然性，同样，信息伦理的发展也有其适应科技自身发展的合理性，因而制定与科技发展相适

---

① 文中一些数据和观点是本人在开展"全国高校信息伦理教育状况的实证研究"之课题调研过程中所取得的。课题组在筛选全国 22 所高校作为调查样本的基础上，将所要调研的内容分为大学生对于高校科技道德素养教育的必要性、教育者、教育内容、教育途径和教育方式的认识等方面。问卷调研总共发放问卷 2420 份，收回有效问卷 2141 份，有效问卷回收率为 88%。课题组除对调查问卷进行定量分析之外，还组织实施了针对大学生的个别访谈和针对教师的会议座谈等形式的后续的访谈调研，力图对客观问答式的定量数据作一些定质性的补充。

应的各种信息伦理原则和规范，进行信息伦理知识的学习，进行信息伦理方面的践行和修养活动都不能只考虑信息伦理所具有的“（一般）伦理”的普遍性要求，也应考虑信息伦理本身所属的科技本身的特殊性。从实践上看，一个人“（一般）伦理、道德”表现得好，并不意味着他的信息伦理道德就表现得好，二者毕竟是存在差异的。在这个意义上，信息伦理又不是伦理在信息领域的简单再现。概言之，要让大学生认识到信息伦理在整个道德体系的独立性，认识到这种独立性，也就能认识到信息伦理存在的必然性和必要性，进而密切关注信息伦理问题的发展；同时还让大学生认识到信息伦理与其他伦理的关联性，认识到这种关联性，也就能认识到信息伦理存在的可能性和合理性，进而深入把握信息伦理问题的本质。

（二）更新信息伦理教育的观念

加强大学生对于自身群体接受信息伦理教育必要性的认识是加强大学生信息伦理教育的前提条件，也是改善大学生信息伦理素养状况的重要手段。正如调查数据所显示的，只有40%的大学生们认识到自身群体接受信息伦理素养教育的必要性，这个比例要比他们认为信息人员或信息政策制定者两个群体接受信息伦理素养教育之必要性低出15个百分点。也就是说，绝大多数大学生都承认自身的信息伦理素养有待提高，但是他们对于自身接受信息伦理素养教育之紧迫性和必要性的认识并不比其他群体高。实际上，大学生群体与信息技术发展密切相关的特征以及他们信息伦理素养有待提高的现状都说明了他们接受信息伦理素养教育的紧迫性和必要性；同时，信息伦理素养教育无论对于大学生自身综合素养的提升还是对于其日后从事的职业来说都是至关重要的。

高校大学生不仅要树立积极的信息伦理观念，相应地，高校的信息伦理教育也应当是积极的教育而不是消极的教育。消极的信息伦理教育只是进行信息伦理知识的灌输，即教育的过程和目标只是让大学生知道什么是正确或错误的信息伦理知识，而不能使这些观念转化为有效的信息伦理行为；积极的信息伦理教育则会把知识的传递只当作手段，培养大学生具有稳定持续的信息伦理素养才是教育的最终目标。高校的信息伦理教育的目的是培养大学生稳定有序的信息伦理素养及良好的信息行为，要想增强高校信息伦理教育的实践效果，必须确立积极的信息伦理教育观念。

二、构建信息伦理教育的原则

信息伦理教育原则是信息伦理教育活动在不同范围、不同层次、不同方面都必须遵循的基本准则。它是在信息伦理教育的实践活动中形成的，并在信息伦理教育实践中不断丰富和发展，对信息伦理教育活动具有重要的指导作用。为了提高高校信息伦理教育实践效果，当前高校在信息伦理教育过程中应该遵循以下原则：

（一）自律教育和他律教育相结合

在信息化时代，由于网络等信息技术具有匿名性等特点，人们的信息实践活动不再时刻受到他人的监督，所以和谐顺畅的信息伦理秩序，不仅要依靠法律法规及规章制度来维护，更要依靠每个信息活动主体的道德自觉性。因此，在信息伦理教育的过程中，要坚持道德自律和道德他律的结合，即要使信息活动的参与者做到道德自律与道德他律统一。

其一，加强大学生的自律教育。信息化社会，特别是信息网络环境中人的“数字化”“虚拟化”，从客观上要求其信息主体加强道德自律。在西方伦理史上，德国古典哲学家康德第一次系统地阐述了自律概念。他认为，自律是不受外界的约束、不为情感所支配，根据自己的良心，为追求道德本身的目的而制定的伦理原则。从伦理的意义上说，自律是道德规范深化为主体的内心信念，以自觉的道德意识对自己的行为进行自我限制、自我约束和自我控制的活动。在信息伦理教育中，要重视启发学生运用“省察克治”“慎独”等修养之道，提高自身的信息伦理修养水平。省察，就是对照信息伦理道德规范，通过反复检查以发现自己思想中的不良念头和习惯；克治，便是克服和整治，即去掉所发现的那些不良念头和习惯。省察克治构成了伦理道德修养的认识前提，它是伦理道德主体自觉弃恶从善的一种愿望和冲动，离开了这个愿望和冲动，伦理道德修养是不可能实现的。把信息伦理内化为大学生内在自律的德行，是道德教育发挥调控功能的必由之路。在信息法律、法规还不是很健全的情况下，大学生自觉的伦理道德约束就显得尤为重要。因此，大学生只有提高自身的道德自律能力才能在复杂的信息空间中做出合理的选择。在道德自律能力形成的过程中，信息伦理教育的主要任务是引导大学生掌握一定社会的思想观点和信息伦理规范，培养他们分辨善恶的能力以解决信息伦理价值观问题。如果一个学生只有某种道德规范的认识，而无这种道德上的需要，没有感到这种道德的价值，缺乏积极的态度和情感，那么就不可能用这种规范来调节个人的行为。因此，信息伦理道德教育目标不能停止在一般的道德认知上，它应当着重去解决学生的道德价值观问题，即引导学生把一定的信息伦理道德规范内化为自身的需要，通过自觉地运用信息伦理道德规范去识别善恶、是非、美丑、荣辱，正确进行信息伦理评价，坚定履行信息伦理义务，从而把它内化为自己的思想意识，并外化为行为实践。

其二，加强对大学生的他律教育。与传统伦理相比较，信息伦理更为注重以“慎独”为特征的道德自律。然而，道德自律是有条件的，它还需要他律的配合，需要制度的伦理关怀。因为人的道德自律精神不是与生俱来的，而是在后天的社会交往中形成的，在道德社会化过程中，如果没有一定的制度力量作为他律进行控制和调节，单靠个体的良知是很难遏制欲望的无限膨胀的。只有在教育过程中鼓励学生将道德自律与他律相结合，信息伦理教育才能获得坚实的实践基础。高校要善于把握时机对大学生进行有关信息伦理方面的法律法规及规章制度的教育，强化大学生的他律教育。

（二）大学生的认知和行为相统一

“知德行善”是对人们在道德上的基本要求。道德问题上的知行不一，就会形成社会上的“两面”人，因而，解决道德问题上的知行矛盾，是道德教育的基本出发点。重点解决大学生信息伦理道德的知行矛盾是高校进行信息伦理教育的主要目的。大学生掌握了信息伦理方面的知识并不一定就会转化为相应的信息伦理行为，这个过程涉及个体品德形成之中的“知”“情”“意”“行”等各要素的协调统一的问题。从我们的访谈中了解到，当前大部分大学生都能掌握关于信息伦理的各种“知”，但一部分学生不能积极有效地落实为符合信息伦理要求的各种“行”。例如大学生认识到在课堂上或自习室里，手机铃声响起是一种不好的行为，会影响老师的正常上课或学生的学习，但在课堂上或自习室里，自己手机的铃声仍会经常响起，这种“知”和“行”之间就是脱节的。再如大学生能够认识到自身群体信息伦理素养状况不是很好，需要进一步提高的现状，但是对信息伦理方面的教育不重视，不愿意从自身做起，来提高大学生群体的信息伦理素养，这种反差也是大学生信息伦理知行分离的主要表现。大学生认识到自身信息伦理素养不高的状况就是所谓的“知”，而不重视这方面的教育，也不愿意从行动上提高自己的信息伦理素养的做法就是一种“行”，在此“知”和“行”表现出了矛盾和对立。调查问卷和访谈的结果都表明大学生信息伦理上的知行分离已经成为一种普遍现象，要解决这个问题就要注意由“知”向“行”转变过程中的“意”即意志的环节。有了意志，才能实现道德知识向道德行为的转化。如果没有意志这个环节，道德只能停留在主体自身的认知层面上，而不能转变为积极的行为。只有有了意志这个环节的推动，道德才能从主体的认知出发并最后转化为符合信息伦理要求的行为，或者约束自己不做不符信息伦理要求的不良行为。可见，在信息伦理教育过程中，培养信息伦理方面的意志是非常关键的环节，也是当前信息伦理教育要深入挖掘和密切关注的地方。

（三）强调教育过程中的因材施教

在调查中，我们对文理不同专业以及不同年级学生关于“课堂上纯理论分析”这一信息伦理教育途径的看法进行比较，发现文科学生能够接受的比例要高于理工科学生；相反，理工科学生更愿意接受举实例和情境设置等两种教育方式的比例则要高于文科学生，这说明学生的专业差异直接影响着学生对于几种课堂上的教育方式的选择。在大一到大四的各学生群体中，愿意接受纯理论分析的比例与年级高低呈负相关；相反，愿意接受设置体验情境和举实例等教育方式的比例则与年级高低呈正相关。上述情形都说明年级差异也直接影响着大学生对于课堂信息伦理素养教育方式的选择。

因此，对于不同专业不同年级的大学生要有所区别地开展教育。首先，对于课堂上纯理论分析这种教育方式，由于文科生要比理工科大学生更能够接受，年级低的大学生比年级高的大学生更能接受，所以要在文科生和理科生、低年级和高年级中有区别、有重点地运用，这些都给信息伦理教育的“因材施教”提供了实证依据。当然，从总体上来说，学生还是更能够并愿意接受形式多样的信息伦理教育，而不只是课堂上纯理论分析式的单一信息伦理教育。其次，不同大学生对于课堂之外的教育方式有着不同的“需求”。据访谈调研了解，全国各高校所开展的课堂之外的信息伦理素养教育多渗透在大一新生的入学教育以及大一、大二学生的课外（科研）活动之中，而大三、大四学生的相关教育则逐渐减少。实际上，大三、大四年级的学生随着大学学习生活的深入以及其对学习生活的逐步适应，在日常学习生活中会面临到越来越多的信息伦理问题，因而，随着年级的推进，高年级大学生的日常学习生活蕴含着越来越多的信息伦理教育的空间和可能。此外,不同大学生对于不同领域的信息伦理教育的内容也有着不同的“需求”。与低年级学生相比,高年级学生对于日常生活之中的信息伦理问题更易产生兴趣,这说明要相应地增加高年级大学生日常学习生活之中的信息伦理教育。总之,纯理论分析式的教育方式更适合在低年级和文科大学生的群体之中开展,而其它类型的教育方式则适合在所有年级的学生中开展,同时要开拓所有大学生尤其高年级大学生日常学习生活中信息伦理教育的广阔空间。

一般地说,理工科大学生与文科大学生在道德修养上的差异并不是很大,但是与文科大学生相比较,理工科大学生在信息伦理素养中却存在着一定的唯技术论倾向。例如,与文科大学生相比,理工科大学生对于网络以及其他高新技术给他人造成侵害等行为表现得更容易接受,甚至一些学生还认为这是正常现象。再如,理工科学生对于高科技手段作弊行为的宽容度要比文科学生高,这也在一定程度上说明“唯技术论”的倾向在理工科学生之中确实存在。当然,确认这种倾向在理工科大学生群体存在的范围还需要更多的数据和论据支持,但及早发现并力求相应对策进而预防这种倾向的发生和蔓延,是加强高校信息伦理教育,改善高校大学生信息伦理状况的应有之义。至于如何纠正理工科大学生的唯技术论倾向,我们认为发挥理工科专业教师的作用无疑是至关重要的。从理工科专业课教师提到或讲授过信息伦理问题的比例要比文科专业教师低20%的情况来看,就更有必要提高理工科专业教师进行信息伦理教育必要性的认识,并加大理工科教师指导专业实践过程中的信息伦理教育的比重。

(四)加强学校、家庭及社会的互动

大学生信息伦理教育不只是高校范围的工作,要站在更宏观的视野下,即在整个社会范围之内开展,加强学校、家庭及社会的良性互动。对信息伦理教育来说,构建学校、家庭、社会横向贯通的教育支持系统，把课堂信息伦理教育与课外信息道德教育结合起来，把网上的信息道德教育与网下的信息伦理教育结合起来，有利于优化整个社会的信息伦理教育的系统环境，使大学生的信息伦理水平在这种良性合力的推动下不断得到提升。

要充分发挥家庭教育的作用，营造良好的家庭信息伦理环境。家庭承担着道德示范和潜移默化教育的作用，因而在大学生的信息伦理教育中负有重大责任。家长作为大学生的教育者，其道德人格不仅反映了自身的素质，而且通过家庭生活中潜移默化的作用直接影响大学生的道德人格的养成。所以家长要以身作则，严格规范自己的信息行为，以自己的行动来感染教育子女，使子女在无意识中接收信息伦理知识，养成良好的信息行为，并形成良好的习惯。

要积极发动全社会的共同关注和参与，营造良好的社会信息环境。通过正确的舆论导向，营造良好的信息伦理氛围，加强信息文明行为规范，维护文明的信息秩序。2001 年 11 月 2 日，《全国大学生网络文明公约》的发布标志着我国有了较为完善的大学生网络行为规范，这是“引导网络机构和广大网民增强网络道德意识，共同建设网络文明”的新举措。2004 年 5 月以来，团中央首位“网络文明爱心大使”——陶宏开教授先后与全国 40 余家主流媒体联动，举行百余场关于网络伦理方面的讲座，挽救了 300 多名上网成瘾的大学生，行迹遍布很多城市，受到了很多学生家长的欢迎，引起极大的社会反响。陶宏开教授免费培训志愿者，开展“挽救网瘾少年行动”等活动引起了社会的关注，这些活动无不对大学生信息伦理的养成具有重要意义。

要进一步加强信息立法的力度，健全相关的法律法规。要采取有效的措施加强网络信息的管理，应用技术、行政、法律手段加强对我国所有骨干网、局域网和校园网的管理，规范运作，控制信息源头，防止有害信息的侵入，打击信息犯罪活动，以达到正本清源的目的。要加强对“网吧”的监管力度,通过严格有效的管理与引导,使“网吧”业主遵循应有的规范,并引导他们积极、健康、文明地发展,为广大学生提供健康文明的网络信息环境。还有,要进一步完善相应的法律法规,逐步建立适合信息化时代特点的信息法律法规体系,通过法律法规来规范我国信息服务活动,促进互联网信息服务健康有序地发展,为大学生提供一个良好的社会网络环境,促进大学生信息伦理的养成。

综上所述,信息伦理教育不只是学校教育的任务,家庭、社会对大学生信息伦理教育也具有不可推卸的责任。学校道德教育是大学生信息伦理教育的主渠道,但随着信息技术的迅速发展,它已经深入到社会、家庭生活的各个领域,所以在进行信息伦理教育时,必须整合各方面的力量,充分发挥学校、家庭及社会各自的教育功能,实现学校、家庭及社会三者的良好互动。

三、丰富信息伦理教育的内容

信息伦理教育的内容具体规定着大学生在信息伦理教育的过程中应该把握的理论观点和具体要求。全面、系统、科学、规范的教育内容是实现信息伦理教育目标的重要保证。确定具有如上特点和要求的大学生信息伦理教育的内容体系是当前高校信息伦理教育之中非常重要的问题。

(一)确立稳定和开放的内容体系

首先,教育内容的稳定性是教育内容丰富和发展的前提,也就是教育内容开放性的前提。相对稳定的内容设计大致有两条思路:第一条思路即把信息技术与伦理之间的关系作为教育的基础内容,把信息与人文之间的融合作为教育的导向内容,把信息工作者的职业道德规范作为教育的核心内容,把信息政策法律法规作为教育的补充内容;第二条思路即把网络空间、高新技术、日常生活等不同领域中的信息伦理作为不同主题的教育内容。其次,随着我国改革开放的不断深入和信息化时代的到来，人们的生活已经发生了深刻的、全方位的变化。任何一种事物要想在封闭中求发展，其结果只能是自取灭亡，这对信息伦理教育来说也是如此。生活是伦理教育的源泉，学校不能只关起门来进行伦理教育。伦理教育要直面丰富多彩的现实生活，并能根据社会生活的变化及时做出调整，所以随着信息技术的不断发展更新，信息伦理教育的内容也要开拓创新。不断丰富和发展的教育内容是教育内容稳定性的动力源，如将“手机伦理”“微博伦理”等最近几年兴起的信息伦理问题纳入教育内容之中就是当前社会形势发展的需要，更是信息伦理教育内容体系创新的本质要求。

（二）注重底线伦理教育

在网络空间、手机使用、高新信息技术等诸领域都存在着各自的底线性的道德要求，比如网络文明用语、不乱扔污染性很大的电子产品，等等。一些教师在座谈调研中指出日常生活中的底线伦理应该是信息伦理的内容，他们的理由是“先别说信息伦理，学生把个人生活方面的基本伦理道德做好就行了”“只要日常行为中讲底线伦理了，信息伦理就不会差”等。对于这样的观点我们要从两方面做分析：一个方面，正如信息伦理与其他伦理是有区别的，信息伦理与日常生活之中的底线伦理道德无疑也是有区别的。另一个方面，信息伦理之中某些底线性的伦理要求又实属日常生活之中的底线性伦理要求，如不能利用现代科技手段作弊或抄袭既是对于大学生在信息伦理上的要求，也是对于他们日常学习生活中底线性伦理的要求。所以，大学生如能遵守日常生活之中的底线性的伦理道德要求，对于他们自身信息伦理素养的提高当然也是有益的。

（三）加强信息法律法规教育

有些大学生陷入信息犯罪的深渊，很大程度上不仅是信息道德的缺失，更是因为法制观念淡薄，所以高校的信息伦理教育必须根据学生的具体情况进行有针对性的教育。换句话说，高校信息伦理教育既要传递给大学生信息道德规范，培养大学生信息伦理意识，影响大学生信息伦理行为，更要以信息法律法规作为重要的内容补充，培养他们的法律意识、法律观念，这既是信息伦理教育的应有之义，也是适应新形势的必然要求。具体地说，教育过程中就要让大学生多接触一些有关信息伦理和信息法律法规的内容，教师可以结合具体的案例来进行系统的讲解，让他们明白什么能做，什么不能做。这些内容对于大学生而言是新鲜的，容易激发他们的兴趣，使他们对德育课不再望而生畏。首先，让大学生理解与信息技术相关的伦理、文化及社会方面的知识，教师要向大学生介绍信息技术的发展情况，帮助他们识别信息技术的优缺点以及这些信息技术的发展对日常生活和整个社会发展所带来的影响；其次，让大学生了解与信息活动有关的法律法规，如尊重隐私权、尊重知识产权、预防计算机犯罪、负责任地使用信息等，以此来培养大学生遵纪守法的观念，养成在信息活动中遵纪守法的意识与行为习惯。

(四)拓宽信息伦理教育的方式

高校信息伦理教育要在坚持传统教育方法成功经验的基础上，结合信息时代教育的新特点，运用新方法，提高信息伦理教育的效果。高校进行信息伦理教育时，可以运用多样化的教育方式，开展网上信息伦理教育，将教育融入教学的各个环节，发挥榜样示范潜移默化的教育作用。通过拓宽教育方式，达到提高高校信息伦理教育效果的目的。

其一，挖掘多样化的教育方式。如果说大学生信息伦理教育的内容在一定时期和一定范围之内是固定不变的，但是大学生信息伦理素养教育的方式却要根据具体的教育目标、过程、对象、情境的变化而变化，也就是说，在具体的教育环节中要根据不同情形而采取不同方式。在调查中，我们把信息伦理素养教育方式分为课堂上的纯理论分析、举实例、设置情境，课堂外的活动式教育，以及渗透于课堂内外的榜样教育加以考察。在各种课堂教育方式中，学生们最易接受的是举实例让大家分析以及设置情境让大家体验等两种，而对于纯理论分析的讲授形式仅有20%的学生可以接受。所以在信息伦理教育中要克服死板、教条的、单纯的理论灌输教育形式，运用灵活多样的教育形式。调查问卷最后一道开放式问答，以及学生和教师在访谈调研之中提出的建议也在教育方式上给我们一些启示：第一，注意在“讨论”中促进大学生信息伦理的养成。例如，基于信息伦理案例的讨论学习就特别有利于学生信息伦理的培养，大学生信息伦理的培养光靠教师的说教灌输是不够的，老师可以为学生提供一个模拟的情景或让学生自己设置一些情景。学生在教师的组织和指导下，通过对案例的学习、讨论或辩论，作出有关信息伦理问题的判断，在课堂中体验真实的生活经历，这有利于摆脱教师空洞的说教，把学生由被动的接受者转变为主动的学习者，达到学生对信息伦理的自我建构，将社会的规范和准则内化为学生个人的道德品质。第二，观看有关信息伦理题材的影片，这种声情并茂的教育形式能达到理论教育很难达到的震撼心灵的教育效果。第三，发放宣传资料或制作有关信息伦理的海报、小册子，乃至公益广告等，增加教育方式的灵活性。第四，在科研活动中开展相关的教育对学生起到潜移默化的影响。第五，举办信息伦理方面的讲座或者参观相关主题展览。总之，师生们认为一定要设置课堂教学之外的教育形式作为课堂教学的补充，同时在课堂教学之中也一定要采取既适应大学生群体特点又体现时代发展要求的教育方式。

其二，开展网上信息伦理教育。调查结果表明：网络、书报、电视和课堂等四个方面依次是大学生了解和关注信息伦理事件的主要途径，彼此之间的区分度在10个百分点左右。网络在大学生关注和了解信息伦理事件的过程中占有主导性的地位，说明网络在信息伦理教育途径中的作用越来越大，而传统的课堂教学之途径在信息伦理教育领域受到越来越大的冲击，这也为我们提出相应的应对策略提出了挑战，而利用网络平台对大学生进行信息伦理教育则是迎接挑战并创造新机会的选择之一。例如随着网络的普及，博客作为一种新兴的信息交流方式，已被大学生群体广泛地接受和青睐。因此，我们也可以利用博客这个便利的平台，建立信息伦理教育专栏，对大学生进行信息伦理教育。例如在博客中发布一些涉及信息伦理问题的案例和事件，让学生给予评价和讨论，这种以专题讨论的形式把理论知识与学生的思想实际联系起来，会使理论不再遥远，实践也不再无章可循；利用博客中的音频、视频、动画等功能，师生一起制作个性新颖的信息伦理课课件，充分调动学生对于课程的热情；利用博客所具有的时间和空间的无限制性，可以加强教育的及时性和广泛性。另外，可以建立 QQ 群，群里不仅包括本班级的老师和同学，也可以加入一些不相识但对此类话题感兴趣的陌生人。这样，当学生对某些信息伦理问题有些看法，但又不甚明确、不太全面时，可以在群里组织相关的讨论、辩论，特别是在自主信息伦理建构过程中，通过网上这种民主的讨论，培养学生追求正确价值观的志趣，使学生的信息伦理在交流思想、互相切磋中得到提高。这种讨论能克服传统德育中单向灌输的缺陷。通过讨论，一是可以对各种信息伦理或理论进行比较，在开放性交流中获得深入理解；二是可以使人们在意见冲突时达成共识，产生对这种伦理原则的信任和自觉遵守的意向；三是可以通过辩论信息伦理难题，提高人们的信息道德选择能力。

其三，将教育融入各教学环节。在讨论信息伦理教育时，不可避免地要考虑以何种形式设置课程体系。大学生信息伦理教育不能仅靠开设一两门课程或几个讲座，它更需要融入其他学科领域中，例如通过与计算机课、文献检索课、思想政治理论课和课外活动的相互渗透、相互补充，实现对大学生信息伦理教育的目标。南京师范大学新闻与传播学院原娟娟、张增荣就曾在《信息伦理教育:高校走了多远》一文中指出,信息伦理课程体系设计的原则要考虑:(1)在大学的什么阶段开设信息伦理课程?建议在大学一年级就开设信息伦理教育,让学生学会正确地使用因特网、图书馆计算机检索系统、学校网上管理系统,等等。(2)以什么方式开设?应该说最终形成的是必修和选修相结合的格局,大体上要求在全校范围内所有专业的学生都必须学习公共课程,而其中高新技术知识与能力部分的课程可在理工科专业开设必修课或开设文科的选修课。(3)考虑层次性。因为信息伦理教育不是一门课程就能解决的问题,也不可能在某一学期或一年的课程中集中开设,因此需要考虑在课程开设的时候,合理地把课程安排在合适的时段开设。(4)考虑与中小学信息技术教育的衔接问题,尤其是计算机课程的教育不能重复。(5)高校信息伦理教育的定位问题也很值得探讨。在课程设置方面,他们还指出:"课程内容体系,理论上重在研究信息伦理教育的基本理论和学科性,可以从横向和纵向上拓展信息伦理课程。纵向上打破高校长期以来主要依靠文献检索课及计算机课来完成信息技术的教育,靠德育课来进行伦理方面的教育的格局,还需要在横向上拓展培养学生信息伦理的相关课程,从内容和课程的指导思想上深入发展。"①例如文献检索课不仅要教给学生传统文献和现代科技文献的检索方法和技能,还要让学生在查询和利用信息资源的实践中培养信息伦理意识以及与之相关的法律责任感。计算机课程就更要拓宽到网络信息伦理探索的层面,与网络相关的信息知识、能力以及信息意识和伦理道德都值得关注。发挥思想政治理论课在信息伦理教育中的作用,在教学中重视学生信息道德、信息责任感的培养。另外,在信息素质教育

① 原娟娟、张增荣:《信息伦理教育:高校走了多远》,《电化教育研究》2003年第10期。

内容的组织上，应充分考虑学生学习循序渐进的特点和专业特点，不能用一门课程、在一个学期内一次性解决问题，而应使信息伦理教育不仅贯穿于大学生学习生活的全过程，而且要灵活适应不同专业的不同要求。如对大一新生进行教育时，重点要进行网络伦理教育，教育他们如何文明使用网络，以及如何在网络空间中保护自己的权利以及不侵犯他人的权利，对于大四的学生，由于他们在写论文收集资料的关键时期，就要着重信息检索方面的伦理教育。

其四，发挥榜样示范的教育作用。通过对调研数据的分析，我们认为在教育方式上当前尤其要注意榜样示范的作用。在道德教育之中，榜样示范是一种重要的教育方式，而在信息伦理教育之中，科学家、导师、科研团队负责人在信息技术研究和研发过程中所起到的特殊的榜样示范作用使其应得到更加充分的重视。但是，从我们的调研结果来看，学生们对于榜样示范的教育方式在信息伦理教育中的地位和作用的认同度并不是很高。大学生们虽然能够遵守信息伦理方面的基本要求，但有近三成的人却不愿意让自己成为信息伦理方面的榜样；同时，他们基本上能够认识到自身提高信息伦理的必要性，但是对于能否以自身力量改善整个社会信息伦理状况则显得信心不足。从更为宏观的角度来看，这种状况与当前大学生的整体道德状况是紧密相连的。从整体上说，大学生虽然能够遵守基本的伦理道德要求，却不愿意让自己成为道德榜样。他们都愿意提高自身的道德修养，但是对于能否通过自身提高道德修养的途径来改善整个社会的道德状况则显得信心不足。在加强信息伦理教育之榜样示范的教育方式的时候，既要注意所树立榜样的真实性和典型性，也要注意所树立榜样与大学生群体日常生活的契合度，也就是说，信息伦理教育所树立的榜样要值得大学生去学习，也要贴近他们的生活实际和思想实际。只有符合上述要求，才能让大学生从认同到仿效，最后转化为与榜样一样的信息伦理意识和行为。在这个意义上，信息伦理教育的教育者即思想政治理论课的老师乃至专业课老师最有可能也最有必要成为大学生学习信息伦理的榜样和模范。例如，在高校，大多数课程都是在多媒体环境下进行授课，在授课过程中，教师可以通过以身作则带头不使用盗版软件，结合课程目标向学生传递有关信息伦理教育的知识，借助研究型课程作业、小论文的撰写培养学生知识产权保护意识，在课外活动中进行有关信息伦理的主题辩论、演讲等，使大学生的信息伦理在潜移默化中得到培养和提高。

第二节　博客与大学生思想道德教育

博客(Blog)，又被称为网络日志，或者叫作自己的“读者文摘”，是一种新兴的信息交流方式，如今已被大学生群体广泛地接受和青睐。博客这种交流方式在大学生群体中具有越来越重要的影响。2003 年，我国高校教师之中首次有人将博客应用于教学。2006 年 3 月上海交通大学首次建立思政博客。而笔者则于 2006 年底在天涯论坛建立了一个“思想道德修养与法律基础”(以下简称基础课)的课程博客，即“我的三尺讲台”，该课程博客经过 3 年多的建设，取得了一些经验，与大家交流分享。

一、大一新生特点与课程博客应用的必然

修读基础课的学生都是大一新入学的学生。大一新生具有好奇心强、接受新事物快、平等交流欲望强烈等显著特点，而设置课程博客作为传统课堂教学方式的有益补充正“迎合”了大一新生的如上特点。换句话说，基础课学生群体的特点决定了在课程中应用博客这种现代信息交流技术的必然。

首先，博客形式新颖、互动性强的特点“迎合”了基础课学生好奇心强的特点。早期的博客以文字为主，而目前各大网站的博客均有音频、视频、图片、动漫等多种功能，这些灵活多样的形式无疑

可以作为基础课用来吸引大一新生的重要手段，这个手段弥补了传统教学方式呆板和枯燥的不足。具体地说，博客具有回复、留言这些互动性极强的功能，这些功能极大地方便了学生表达自己的主张，并能够与博主老师自由平等地在网上展开交谈、讨论甚至争辩……这些场景在传统的课堂和课下都是难以出现的。

其次，博客作为最近几年的新生事物"迎合"了基础课学生接受新事物快的特点。目前，网络在思想政治理论课尤其在基础课的应用并不鲜见，如QQ、MSN、个人主页以及飞信等媒介都在"大行其道"，在师生课下交流的过程中都发挥着不同的作用。但是博客却有着与上述媒介不同且更为有利的特征，这些特征使得新生群体更愿意尝试它。与QQ、MSN、飞信等即时的信息沟通工具相比，博客的信息交流虽然显得"滞后"，但是这种滞后性正"迎合"了大一新生的需求，他们所关注和关心的问题既无所不在又无时不在，而前面那些即时沟通工具的交流效果是"过了这个村儿就没有这个店儿"的，它们对于一个随时可能产生倾诉欲望的新生来说，显然是不够的，博客正满足了这种需求。进一步说，博客这种"滞后性"的特点有助于大一新生更加便捷地表达自己的想法，正如《华尔街日报》所评论的那样，博客是每周7天、每天24小时运转的言论站，这种网站以其率真、野性、无保留、富于思想并提供无拘无束的言论等方式使它日益成为某些社会群体释放的空间。

最后，博客空间的开放性"迎合"了新生渴望平等交流、平等对话的特点。很多高校的大一新生多来源于不同地区、不同生活环境、不同文化氛围，他们带着固有的差异，却渴望着彼此之间能够平等地交流，但是现实的生活却让他们无法打破这些差异，进而开展深入的交流。博客这种方式为不同的学生提供了自由平等的空间，它兼容"阳春白雪"与"下里巴人"于一处，同学们在其中可以无碍地进行交流和表达，在这里消除了彼此之间由于以往经历背景所带来的现实差异。并且当同学们在网络虚拟世界进行了深入的沟通之后，再回到现实的生活之中，差异感会被进一步消解，彼此会不断地融合，这也是博客让一些学生产生"信赖"的因素之一。

二、基础课的教学内容与课程博客专栏的设置

与其他三门思想政治理论课相比较，基础课在教学内容上有着自身的特点，那就是它更贴近于大学生日常的学习和生活。如人生观、道德观、职业观、恋爱观、法律观以及如何适应大学学习生活，如何处理人生环境中的心理健康、人际交往、人与自然等问题都是大学生在日常学习和生活中所普遍关心的问题，这些教育内容如果通过博客提出来，并被深入地讨论下去，就能够把课程延伸到课外，取得更广泛的教育效果。

第一，设置学生来信专栏，老师通过回信的方式解答学生入学以来所面对的疑难、困惑和烦恼。① 实践表明，该专栏的开设是使大一新生更好更快地适应大学生活的重要措施，也是传授教材第一章观点的重要途径。学生来信反映的很多问题都与教材第一章中所要讲授的"适应人生新阶段"的主题直接相关，这里有关于如何认识大学生活与高中生活的不同、如何认识大学之"大"的意义、为什么要来上大学等"认识大学生活特点"的问题；还有如何加强自理自立能力、如何面对家庭经济困难、怎么理财、如何改善人际关系等"提高独立生活能力"的问题；还有如何才能更高效地学习、为什么要终身学习等"树立新的学习理念"的问题；以及如何保持高中时的学习斗志、二流学校的学生如何做一流的学生等"培养优良学风"的问题。这些问题的解答使得学生们很快地进入自己的角色，并产生对课程的亲近感，即觉得思想政治理论课不是假、大、

① 来信和回信很多是通过 E-mail 等其他形式展开的，之后教师把典型的、可以公开的来信以及相应的回复发布在课程博客上。从这里可以看出，多种形式的现代信息交流技术在基础课中的应用应当是互补的，而不是彼此分割的。

空，而是与自身的学习和生活实际息息相关的。

第二，设置专题讨论专栏，用以探讨教材之中具有较强理论色彩的章节中的有关问题。以专题讨论的形式把理论知识与学生的思想实际联系起来，使得理论变得不再遥远，实践也变得不再无章可循。例如在“继承爱国传统、弘扬民族精神”一章，给学生设置的题目是：结合郭光昌的事迹来谈谈你是如何看待当前的出国热潮的？同学们各抒己见，对于出国留学与学成归国、卖国与叛国、爱国主义与经济全球化、自觉维护国家利益等问题有了新的理解和认识。在“领悟人生真谛，创造人生价值”一章，让学生结合经典影片《肖申克的救赎》来谈大学生应该确立怎样的人生态度。有的同学从剧中人物出发，加以深刻的分析，透着睿智；有的同学以自己的经历入手，发表对人生的看法，带着反思；老师最后再对这个问题做总结。经过这样的讨论同学们觉得人生问题不再是虚无缥缈的，而是实实在在的。此外，“我的三尺讲台”还曾经组织过有关“道德修养”“社会公德”“职业精神”“恋爱婚姻观”“法律意识”等主题的讨论，均取得比较令人满意的效果。

第三，设置精华转载专栏，向学生推荐与基础课讲授内容相关的经典著作、精品短文、典型案例以及优秀网站等。作为传统授课方式的课堂教学有着自身的局限性，例如时间、地点和信息量的局限。课程博客的形式弥补了这样的缺点，它能够承载大量的信息从而使基础课的影响传递到课下，让对课程感兴趣的同学在课下还能继续接受教育。“精华转载”这个栏目开设以来推荐了《培根人生随笔》等人生观的著作、《沉思录》等有关道德修养的著作、《名案中的法律智慧》等有关法律常识的著作，以及与大学生密切关注的名人所谈的大学经历或体会，如《袁岳：我的江湖方式》、李开复的“开复学生网”。此外，这个栏目还推荐了一些能启迪心智的短文，如《发怒男孩留下的伤口》《用美德除草》等。

三、基础课的广泛影响与课程博客功能的发挥

笔者认为，一名思想政治理论课教师的功夫与其说更多地花在课堂之上不如说更多地花在课下，用一句话来表达，那就是“台上一分钟，台下十年功”！并且，这样的功夫是非常辛苦和沉闷的。博客这种新兴的交流方式使得花苦功的老师们不再是默默地辛苦，反倒能把用功的过程体现于台面，让学生们有所思考、让同事们所有共鸣，让“外行”们有所理解……在这些思考、共鸣和理解之中扩大了思政课(基础课)的影响力。这些“功夫在诗外”的过程体现为：

利用博客所提供的存储功能，设置“课件和教案下载”专栏和“作业点评”专栏，为学生下载课件和教案、查询作业反馈情况提供方便，也为同行之间的业务交流提供平台。笔者曾经接到一些学生的反馈，认为把网上下载到的课件作为资料留存非常宝贵。一些当年仅仅是为了在“我的三尺讲台”上收集素材、下载教案的同行老师们如今都成为老朋友。“作业点评”专栏与前面所提到的“专题讨论”专栏有所交叉，因为基础课以专题讨论的形式来布置作业更有助于学生对于教材内容的理解和把握。教师将专题讨论的题目作为作业，并将讨论结果发布到网上，就成为博客之中“作业点评”一栏的内容，它不仅可以让学生在网上查询到作业的状况，甚至还可以使学生们对一些没有注意到的问题给予重视，如《哭笑不得的学生作业》一篇博文就对个别学生没有认真对待作业的风气做了婉转的批评，同学们在轻松的氛围中接受了教育。

利用博客所提供的互动功能，设置“同行交流”和“师生交流”专栏，为教师本人和单位同事甚至是学界同行教育教学水平的提升创造了可能。“同行交流”大致分为两种情形：第一类是教学经验的交流。德育老师如何使得难度颇大的工作取得实效、德育教师在教育过程中应该起到什么样的作用等问题几乎困扰着每位德

育工作者。把这些困扰呈现于网络空间，大家共同思考对策，要比个人的单打独斗要好得多，具体如《教学相长》一文，就通过对教与学之关系的讨论，得到了同行的一致认同，那就是大家都认为德育教师自身必须不断地通过“学”来提高“教”的水平。第二类是教学过程的感受。作为一名德育教师，自然有着不同于其他专业教师的感受，虽然这些感受有时甚至有点消极，但在同行之间却起到了共鸣的作用，表达出来之后更有利于大家投入新的工作，具体如《不自信的德育理论，不自信的德育教师》一文，就以德育教师如何才能自信起来的问题发点牢骚，得到了同行们的情感共鸣，之后大家并没有继续“沉沦”下去，反倒是越发有动力进行教学了。“师生交流”专栏，是用在师生之间进行课外交流的。学生对于教师课堂讲授过程中出现的毛病和弊端进行评价、建议甚至是批评，老师对此作出相应的回复。专栏开设后很多学生都为课堂教学质量的提升献计献策，老师对学生们的想法也有了新的了解，具体如《学生为啥不敢讲真话?》一文就得到了许多学生的认同，并开始从自身找问题并解决之。

利用博客所提供的分栏功能，专门开设理论探讨一栏，这个专栏是最有思想政治理论课特色的栏目。换句话说，基础课形式再多样、内容再生动、方法再灵活，归根到底都要回到课程自身的性质和教育本身的宗旨上去，即课程要引导大学生正确地看待教材中的理论，正确地对待新的思潮和新的理论倾向，因此无论采取哪种形式的教学手段都要面对并解决怎样教好理论知识的问题。“我的三尺讲台”注意到了这一点，笔者所发表的《我看八荣八耻》《科学发展观之我见》等理论文章，就引起了学生们的广泛关注，为引导学生正确认识“红色”理论起了很大的帮助。

最后，充分发挥博客的其他功能[①]。利用博客所具有的时间和空间的无限制性，可以在上面发布课程公告、课外活动通知等；利用新兴博客中的音频、视频、动画等功能，师生一起制作个性新颖的课件，充分调动学生对于课程的热情。当然，这些新功能的发挥对于基础课教师来讲，提出了更高的挑战。挑战就是机遇，而机遇又预示着更大的发展空间。

四、基础课的空间拓展与课程博客前景的展望

这里对于基础课课程博客的探讨，主要是还在经验层面来谈，缺乏更深入的理论研究，而对于基础课课程博客发展前景的展望则有助于开展有关基础课课程博客的深入研究，进而推进基础课的空间扩展。俗话说，没有做到，才能做得更好。对于未来前景的展望，就要用自身没有做到之处来预示未来可以做得更好的地方。

首先，要注意使由教师主导的单一形式的课程博客发展到以学生为主的博客群。纵览国内思想政治理论课教学博客的现状，以教师为主导的单一形式的课程博客居多，而以学生为主的全员参与并建立的课程博客群并不多见。教师作为主导的课程博客以教师作为博主，设置并开发博客之中的各种功能并主导博客的运行，无疑有它的优点，即教师对于再教育过程的监控能够比较到位。但是由于教师自身精力等方面的限制，使得这种方式的发展成为“瓶颈”。要想使教师开设课程博客不至于成为一种负担，并且更加广泛地调动学生的积极性，就要建立一种新的博客群的理念，即教师的博客作为主博客，学生的博客作为辅博客，主辅博客相互呼应，资源共享。需要注意的是，博客群之中占主导地位的还是教师的主博客，也就是说，建立学生辅博客的目的是为了让教师

---

① 这一点主要是从未来展望的角度来谈的，“我的三尺讲台”在利用博客功能制作课件这方面还有待提高。

更好地了解学生的思想状况和引导教学，而不能“喧宾夺主”，让博客群变得混乱无序。

其次，要大力加强同行之间在博客上开展基础课教育教学改革和课程建设等方面的交流。如前所述，博客这种交流方式最大的一个特点就是互动性强。通过发表、留言和回复等功能，一个问题能够得到非常深入的讨论，并且这种讨论都是经过发帖者或回复者比较冷静、缜密的思考之后所作出的，所以具有相对客观、公正的态度，这无疑对很多理论问题的反思具有积极的意义。因而，基础课要想在更大范围产生效果，就要倡导基础课教师之间以博客作为途径开展更广泛深入的交流。例如笔者就曾经多次与同行交流和探讨自己在本校组织的青年教师教学基本功比赛和市教工委组织的北京思政理论课教师教学基本功比赛的经验，取得了很好的效果。仅仅就这一条相对成功的经验就可以看出课程博客的发展前景与基础课的空间拓展之间的关系。

第三节 微博与大学生思想道德教育

近年来，微博用户激增，成为人们获得信息的重要渠道之一。作为新媒体代表的微博，因其信息内容丰富、时效性强和便于通过手机等移动设备接入等特点成为广大网民尤其是大学生获得或发布信息的重要渠道。微博的产生和发展给传统的思想道德教育带来了新的挑战，如何应对这些挑战成为大学生思想道德教育的新课题。

一、微博对大学生的影响

在数量巨大的微博用户中，乐于接受新事物的90后在校大学生是最活跃的群体。作为大学生日常生活中频繁使用的信息获取、社交平台的微博，已经渗透到了从一线到三、四线城市中的大学生生活的方方面面。[①] 大部分大学生了解并使用微博,平均每天玩微博的时间在半小时以上。在微博上,学生可以及时了解热门信息;与朋友互动;微博拉近了他们与名人、明星、知名品牌的距离;微博使他们可以随意表达自己的观点,随时随地分享自己身边的事情。微博已成为大学生生活的重要组成部分,是大学生获得信息、关注社会、交流情感、娱乐休闲的重要途径,影响着大学生的社会观和价值观念,并对大学生思想道德教育产生了积极的影响。

(一)微博增强了大学生的社会参与意识

微博最核心的功能是即时发布与获取信息。[②] 微博的便捷性和交互性使每一个人都是信息和事件的收集者和发布者。在这个平台上,大学生通过关注和被关注建立了自己圈子,他们可以随时发布身边的新鲜事,了解微博上传播的社会热点事件,并通过评论和转发表达自己的见解。他们不仅可以通过微博了解国家的方针政策,还可以了解各级部门的落实执行情况、出现的问题以及其他微博用户的反映,并且可以自由地表达自己的观点和看法。微博还使身居象牙塔之中的大学生去关注社会,参与社会有关问题的讨论,获得参与社会生活的机会和表达自己观点的权利,这些都有利于增强大学生的社会参与意识。

(二)微博提高了大学生辨别是非真伪的能力

对大学生而言,微博上发言的用户总有与自己的兴趣点或关注点吻合的信息提供者,他们总会从某个微博主那里找到自己需要的信息。微博的准实名制虽然在一定程度上提高了信息的可靠性,但是由于微博用户成分复杂、受教育程度、兴趣、立场等都存在

---

① 参见中科院心理所计算网络心理实验室与新浪微博数据中心《2013 年中国大学生"微博"发展报告》,http://wenku.baidu.com/view/47f958c79b89680203d82585.html.(2013-08-29)

② 参见喻国明等《微博:一种新传播形态的考察》,人民日报出版社 2011 年版,第 8—10 页。

着很大差异，需经过反复筛选和比较，才能对某个博主或他所提供信息的可靠性作出判断，以决定对该博主是继续关注还是放弃，一旦持续地关注某些活跃的微博名人，一些有价值的信息就会从他们那里被源源不断获取。科学合理地选择满足自己需求的关注对象，是获取有价值即时信息的前提。然而，微博信息的碎片化、即时性和娱乐性往往会导致信息的不准确，即使是一些比较严谨的博主也可能会转发或评论某些失实的信息甚至谣言，这就需要大学生微博用户辨别这些信息的真实性，所有这些都有助于提高大学生辨别是非真伪的能力。

（三）微博提高了大学生人际交往的能力

人际交往能力一直是大学生成长、成才的一个重要方面。在微博这个新兴的网络交流平台上，微博的即时信息共享的特色功能一方面满足了大学生与既有好友间继续交流和沟通的需求；另一方面，大学生通过“关注—被关注”“转发—被转发”这些功能，与自己感兴趣的明星、知名人士、产品等以信息为纽带建立了一种比较松散的契约关系，一方有展示信息的需求，另一方有索取信息的需求，双方开展不同程度的互动，形成了一种虚拟的人际关系。这种交流扩大了大学生的交际半径，拉近了大学生与他人之间的距离，成为拓展大学生人际交往的新手段。

（四）微博满足了大学生的各种需要，丰富了大学生的精神生活

同所有的人一样，大学生的需求也是多种多样的，而在微博这个平台上，学生一方面抒发情怀，展示自己的需求及人生抱负，另一方面他们乐于通过娱乐类文字、图片以及视频获得愉悦心情，满足自己的娱乐需求；通过转发、关注心灵鸡汤、励志类微博，获得心

灵上的抚慰、需求的满足。[①] 因此，无论是自我人生抱负，还是时光感怀，均能引起大学生的共鸣和关注；对时政热点话题的讨论增强了学生的社会参与意识和责任感。与此同时，在微博上，人与人的交往始终可以保持在安全距离的虚拟空间；基于个人的需求，大学生也可以在微博上求他人给予各方面的帮助，求证那些与自己相关信息的真伪；倾诉心理的某些压抑、苦闷，分享自己的快乐，等等。所有这一切都极大丰富了大学生的精神生活。

二、微博对大学生思想道德教育带来的挑战

"微力无边"的微博在给大学生的学习、生活、交往等带来了积极影响的同时，也使大学生思想道德教育面临着前所未有的挑战。

（一）繁杂且快速传播的信息给大学生思想道德教育内容的传授增加了难度

第一，微博的开放性与便捷性为多元化的信息传播者传播多元化的思想观念和意识形态提供了环境和技术手段，各种不同的思想以思想碎片的方式呈现出来，以辩论求得共识，以探讨求得真理，不同价值观的言论在相互激荡、相互碰撞、相互审视、相互包容中取长补短。学生艰难地从接触到的这些形形色色信息中，自由选择"言论导师"、学习内容，这使得大学生的意识形态和价值观念多样化和多元化，其中有的价值观念甚至与主流意识形态背道而驰。第二，微博的开放与交互性使得微博在提供充足信息的同时，又表现出良莠不齐、泥沙俱下的特点，虚假的、大肆渲染的不良信息被广泛传播的概率大大提高，而大学生在成长阶段常见的猎奇心态以及对权威信息的质疑和排斥心理，使大学生更容易对虚假与不良信息产生兴趣，造成价值取向上的干扰。

---

① 参见腾讯微博《高校微博发展报告》，http://edu.qq.com/a/20121211/000001_9.htm.（2013-12-10）

(二)微博的新鲜、时尚、个性化元素增加了思想道德教育者思想引导的难度

第一,微博改变了原有的社会思想、政治语言系统。它以亲民性的语言、通俗化的语言、民间性语言、网络性的语言影响着大学生,深受学生的喜爱。第二,微博上即时更新的海量信息,以其传播速度快、信息量大、针对性强、互动性高的特点,挑战着某些固守高度统一、应循守旧的思想政治教育者。第三,微博上的信息传播,以图文并茂、声情融汇、交流便捷的形式,创造了一种活跃、轻松、愉悦的情景,感染和激发着大学生的求知欲和想象力;与此同时,仍旧以课堂教育、树立典型、宣传引导等传统方法进行思想道德教育必然不能引起学生的兴趣,教育者的思想引导的难度不言而喻。第四,微博的开放平等使教育者和大学生处于同一平台上,同时同步接收着同样的信息,教育者失去了原有的权威。某种程度上,原来处于社会基层、“人微言轻”的大学生成为新的意见领袖,少数人甚至利用微博进行自我炒作,触及社会道德和公众价值底线。以上因素的交互作用使思想道德教育工作陷入意识形态传递渠道受阻、效率降低的尴尬局面,增加了思想道德教育者思想引导的难度。

(三)微博在使大学生享受福利的同时,影响了大学生基本素质的发展

第一,微博信息的即时便捷互动,随时随地地吸引和占据了大学生的时间,一部分大学生沉溺于微博成为“微博控”,导致他们自控力下降、精力分散,学习效率大大降低。第二,由于通过在微博上发送即时消息或写评论的方式处理棘手、尴尬的问题比面对面的交涉更简捷,因此,大学生们更依赖这种非面对面、无声的交流,

这在一定程度上阻碍了他们现实社会人际交往能力的发展。① 第三，由于沉溺于微博这个140个字符的世界中，大学生的写作技能也每况愈下，他们或是根本不知道相关字词的使用，或是不知道标点符号的用法，甚至基本的写作格式都不懂，文字表达能力令人担忧。大学生基本素质的下降也给教育带来了挑战。

三、微博背景下大学生思想道德教育的对策

大学思想道德教育工作者对微博带来的种种问题虽然给予了高度重视，但是实践中缺乏系统的规划与设计，或是虽然采取措施但缺乏针对性与时效性。解决这些问题，应正确认识微博的特点以及对大学生的影响，充分发挥微博的独特优势，使之为大学生思想道德教育服务，并不断改进新形势下大学生思想道德教育的策略和方法。

（一）思想教育工作者应不断从各方面提高自己的素养，应对微博带来的各种挑战

第一，教师应不断充实提高自己的专业知识，坚守思想道德教育的主阵地——讲台。鉴于微博的影响力，微博信息的碎片化以及学生的人生阅历少、文化知识还不够全面、思想也相对不够成熟等因素，作为思想政治工作者，应更加系统全面地向学生灌输相关的教育内容；从理论素材、话题选择、讨论内容等方面进行教育内容体系创新，增强思想道德教育内容的吸引力；在教授知识的同时，引导大学生用全面、理性的思维方式替代情绪化、感性的思考方式，促进大学生的思想成长，特别要注重培养学生辨别知识信息的能力，培育学生的媒介素质和社会责任感。

第二，教师应充分了解并利用微博进行思想道德教育。一方

---

① 参见[美]奎尔曼著，刘吉熙译，《颠覆——社会化媒体改变世界》，人民邮电出版社2010年版，第46页。

面，通过微博这一短、真、快、新的交流平台，教师可以及时了解社会最新的信息，并结合自己的专业知识梳理自己的思路，对相关信息作出自己的判断，同时，教师应善于捕捉微博"微言"里的鲜活、积极的内涵，形成并丰富自己的话语体系，通过在微博上即时发布本专业精确的知识及各类具有正能量的信息与学生互动，在展现自己学科最新学科动态及分享典型案例的信息，展示自己的学识及风格、个性的同时，对学生的思想、行为产生积极的影响；另一方面，通过微博，教师可以了解学生的需求，明确学生的阅读口味和兴趣关注点，在课堂教学中设置极具吸引力与凝聚力的议题，引入"开放、平等、参与"的教学机制，与学生双向互动。这个过程要就社会热点焦点问题、大学生关注的话题、大学生思想政治理论的相关问题与学生进行深入探讨，打破思想政治理论课时间与空间上的限制，将大学生思想政治理论课的教学触角伸至大学生日常生活和网络生活中，在提高大学生思想政治理论水平的同时，拉近与学生之间的距离，为有学习欲求的学生提供丰富的学习资源。

(二)搭建并利用好学校、学院等各级进行思想道德教育的微博平台

第一，截至 2012 年年底，全国高校团组织微博数量约为 60 万个。但是，38％的大学生并不知道本校开通了官方微博，41％的学生知道本校开通了官方微博但并未收听，仅有 21％的学生收听了高校官方微博。从这些数据可以看出，高校官方微博在学生当中的曝光率不够、知名度不高、影响力欠佳，未收听高校官博的学生比例高达 79％。① 究其原因，主要是学校领导仍然固守着传统的政治宣传模式，没有认识到微博对学校的重要意义，对微博的定位与管理不完善，与学生的沟通仍然处于"背靠背"的状态。对此，学

① 腾讯微博《高校微博发展报告》，http://edu.qq.com/a/20121211/000001_7.htm. 2012-12-10.

校应在思想上形成“微意识”，加强“微行动”。高校各级微博应当根据自身受众群体及服务对象进行精细化运营、专业化运作，形成符合自身需求的发布、互动及收听策略。在这个为学生服务的平台上，结合学生的阅读口味和信息需求，综合使用视频、文字、图片、超链接等多种形式，发布传递权威的、具有“正能量”的信息；在微博的日常运营中，高校微博尽可能对学生的评论进行回复，偶尔@某些与发博内容相关的学生微博账号，对学生发布的有意义的微博进行转评，发私信答复一些学生比较隐秘的问题，与忠实听众互粉拉近官博与学生的距离，在平等的基础上进行思想引导，帮助大学生树立正确的政治观和人生观。高校微博还要采用线上及时发现、线下积极行动、相关部门有力配合的方式，高效解决与学生相关的问题。在紧急突发事件的处理上，高校微博平台应遵循事件处置第一，舆情应对及时的原则，传递真实可信的事件信息、不断跟进事态发展。

第二，创建兼具专业教育与思想教育功能的学校微博关系群，通过策划微博话题引领学生的思想。要在微博世界获得话语权和影响力，就必须与其他关系微博形成良好的互动关系。因此，学校官博必须做好引领和组织工作，维系与学校各二级机构、学生组织、校友组织、名师等微博的互动关系，构建学校微博关系群。① 其中，必须重视利用学校名师微博的影响力，在传播学校形象的同时，引领学生粉丝的人生观与价值观。在微博世界中，不少高校名师微博已经成长为微博意见领袖，名师微博通过其个人微博所释放出的专业影响力和个人魅力，带动和增强着学生对学校的认同和热爱。与此同时，为了获得更好的宣传和互动效果，在这个学校微博群里，学校微博应根据学生的需要，策划、推出不同话题分类的信息，如时政信息、各类讲座信息、相关专业前沿信息、就业指导

---

① 参见卢蓓蓉《“985”高校新浪微博调查报告》，《中国网络教育》2012 年第 5 期。

信息、心理辅导信息等,使这些微博真正成为为学生服务的平台。

第四节 MOOC 与大学生思想道德教育

从 2001 年麻省理工学院决定开放自己的课程计划开始,一场旨在以网络平台提供免费教育资源的"开放教育资源"(Open Educational Resource,简称 OER)运动在世界各地被逐步推进。但是,这些开放教育资源与以往一般意义上的网络教育一样,大多仍停留在公布课程计划的阶段,而不提供学习辅导,也不提供所有课程资源,更不能授予结课证明。因此,这类开放教育资源课平台上的信息与网络上的其他通用信息没有太大的差别,只不过通过网络将更多的信息作为高等教育学习资源罢了。但是当 Dave Cormier 和 Bryan Alexander 在 2008 年联合提出了"大规模网络开放课程"(Massive Open Online Course,简称 MOOC)的概念之后,一种新的教育模式在世界知名大学迅速传播,并彻底地改变着以往的网络教育模式。

一、MOOC 技术的飞速发展

脱胎于 OER 的大规模网络开放课程——MOOC,正在对世界各国的高等教育产生着重大影响。因为,我们当前所采用的以 Wiki 和 Blog 为主要载体的课程平台功能较为简单,学生们分散在复杂网络平台的不同终端,也容易淹没在海量的信息之中,而 MOOC 这种新型的教育技术,却可以为学生们提供一体化的学习空间,让他们在这个空间里进行各种互动交流,实现更加充分的学习。再具体点地说,MOOC 不仅提供课程的全部授课视频、讲课 PPT 和各种教学资料,同时为学习者提供更为强大的学习平台,以不断强化师生之间的互动交流,进而构建出虚拟的数字化的教育教学情境。因而,我们认为 MOOC 技术的兴起不仅对推进我国正在进行的开放教育资源建设，并且对提升我国高等教育教学的质量都具有重要的意义。

这些意义分解开来大致体现在：首先，MOOC 通过强大的技术保障克服了时间和空间的限制，使得学习方式变得灵活多样，学生可以通过多种终端，如电脑、手机，而不是只有通过教室里的设备才能学习。同时，MOOC 之中的学习者面对的是非结构化的、处于演变中的、具有某种不确定性的课程内容，这些特点都在更新着以往陈旧的并难以吸引学习者兴趣的教育内容。其次，在 MOOC 的教育模式中，教师们更多的是扮演着课程发起者和组织者而非课程主导者的角色，而学习者不再是简单的知识接受者，却同样承担着课程建设者的任务。师生双方都拥有着更多的且更加开放的交互学习环境。最后，MOOC 这个平台虽然仍是提供特定的学习主题供学习者参考，但学习者在什么时间和什么地点学习，学习多少内容，投入多少精力，进行何种形式的交互活动等方面都由自己来决定，这无疑更能调动学习者的自主性。我们认为这是 MOOC 给高等教育带来的更大意义。

综上，MOOC 这项新兴的网络教育技术正在改变着教育尤其是高等教育的未来走向。下面将以高校思想政治理论课之中的“思想道德修养与法律基础”为例，探讨高校思想政治理论课如何应对 MOOC 技术给我们带来的机遇与挑战。

二、MOOC 专栏的设置

基础课在教学内容上有着自身的特点，那就是它更贴近于大学生日常的学习和生活。如人生观、道德观、职业观、恋爱观、法律观以及如何适应大学学习生活，如何处理人生环境中的心理健康、人际交往、人与自然等问题都是大学生在日常学习和生活中所普遍关心的问题，这些教育内容如果通过 MOOC 这个课程平台提出来，并被深入地讨论下去，就能够取得更广泛的教育效果，我们认为可以通过设置专栏的形式实现上述目标。

第一,设置专题讨论专栏。在传统的课堂之中,讨论是一种补充环节,而在MOOC的平台上课程活动通常就是以讨论主题的形式展开的,即课程内容的主要来源就是教师整理归纳的学生在主题讨论中产生的各种资源。具体的流程是:教师作为组织者安排讨论的主题,学生们针对主题进行思考和交流。随后教师针对学生提交的讨论意见进行整理和筛选,形成新的课程内容,并以RSS或邮件等途径发送供大家继续学习。至于讨论主题的安排,可以探讨教材之中具有较强理论色彩的章节中的有关问题,也就是以专题讨论的形式把理论知识与学生的思想实际联系起来,使理论不再遥远,实践不再无章可循。例如,在“领悟人生真谛,创造人生价值”一章,可以让学生结合一些经典影片(由MOOC平台发布给学生)来谈大学生应该确立怎样的人生态度。同学也可能以自己的经历入手,发表对人生的看法,带着反思,老师最后可以再对这个问题做总结。经过这样的讨论同学们会觉得人生问题不再是虚无缥缈的,而是实实在在的。此外,通过MOOC还可以组织有关“道德修养”“社会公德”“职业精神”“恋爱婚姻观”“法律意识”等主题的讨论,以期取得令人满意的效果。

第二,设置精华转载专栏。教师向学生推荐与基础课内容相关的经典著作、精品短文、典型案例以及优秀网站等资源,这些资源既可以是教师日常教学和学习研究之中积累的材料,也可以是个别学生提供的自己认为可以作为精华的材料,还可以是MOOC上已经存在的被大家广泛关注的材料。作为传统授课方式的课堂教学有着自身的局限性,其中一个重要的方面就是信息量较少,MOOC这个平台能够弥补这个缺憾,它通过精华转载这个专栏所承载的大量信息,使基础课的影响传递到课下,让对课程感兴趣的同学在课下还能继续接受教育。仅就精华转载这个栏目来看,MOOC上的学习内容是丰富的、非结构化的,也是没有边界的,这较之以往是一个变革。

第三，设置学生来信专栏。我们设想通过 MOOC 这个平台，以系统内部发信和回信的方式设置专栏，解答学生入学以来所面对的疑难、困惑和烦恼。但是这里出现一个问题，老师如何能够回复大规模同学的来信？有了 MOOC 这个平台就可以依靠学生自身的力量。在这里，有大规模的学生在参与互动，最了解学生们自身问题的还是他们自己，同伴之间的教育很多时候比师生之间的交流要更有效果，因而可以让一些学生参与非本班同学来信的回复，教师抽查信件回复的质量并作适当的点评，这种方式不仅解决了教师大工作量的问题，更重要的是，加强了学生们思考自身存在问题的主动性和积极性。

三、MOOC 的应用前景

这里对于基础课如何应对 MOOC 这项新的教育技术带来的机遇与挑战等方面的探讨，主要是还在经验层面，缺乏更深入的理论研究，而对于基础课课程应用 MOOC 技术的前景展望则有助于开展有关基础课教学模式的深入研究，进而推进基础课的空间扩展。

首先，以国家级精品课和视频公开课等资源为平台，扬长补短，能为 MOOC 技术的推广提供广阔的空间。我国自 2003 年启动了“国家精品课程建设”，意图建设一批示范课程。这些课程均按照教育部的相关技术规范要求，由各高校自己制作发布，并免费开放浏览。2011 年教育部又启动了以普及共享优质课程资源为目的的“国家精品开放课程建设”。2012 年“精品视频公开课建设”进一步深化为向社会大众免费开放的科学、文化素质教育网络视频课程与学术讲座。但是，无论是精品课程还是视频公开课，其建设状况如以 MOOC 技术的充分应用为参照标准来说，都有待进一步提高。其一，这些课程的关注度、浏览量均不尽如人意。之所以出现这个状况，我们认为这些课程内容的组织有待改善。据笔者调查，在38门思想道德教育类国家级精品课之中分别有35门设置有“教学设计”、29门设置有“电子教案”、27门设置有“试卷”、26门设置有“教学课件”、23门设置有“文献资料”、18门设置有“教学录像”、16门设置有“教学案例”、4门设置有“媒体素材”和“实验实践”等环节。参照我们上面提出的相关理论和实践问题，上述课程在“视频材料”以及“文献资料”的搜集和整理等方面存在较大的差距，而这两项正是MOOC教育模式的核心要素，所以要特别加强两个方面的投入力度。另外38门课程仅有251次的学生评价（平均每门课程6.6次评价），这表明这些课程明显缺少更为深入的互动交流环节，而在MOOC技术下，课程的互动评价也是核心要素，所以还要特别加强课程评价等环节的设置。总之，上述问题的改进也意味着更加广阔的空间。

其次，要大力加强同行之间在MOOC上开展基础课教育教学改革和课程建设等方面的交流。如前所述，MOOC这种教育方式最大的一个特点就是互动性强。通过发表、留言和回复等功能，一个问题能够得到非常深入的讨论，并且这种讨论都是发帖者或回复者经过比较冷静、缜密的思考之后所作出的，所以具有相对客观、公正的态度，这无疑对于很多理论问题的反思具有积极的意义。因而，基础课要想在更大范围产生效果，就要倡导基础课教师之间以MOOC作为途径开展更广泛深入的交流。在另外一个层面，因为MOOC是一种近两年才兴起来的崭新的信息化教育技术，它之所以高效，正是因为系统内部比较复杂且专业化，所以，要更快地应用它，首先要在高校教师群体之中开展技术普及、强化和熟练工作，以为日后更大范围的推广奠定基础。

最后，MOOC作为一种“大数据”类型的网络技术，它不是万能的，需要与传统的教育技术共同发挥作用才能更有效果。MOOC这个平台给我们很多以往技术条件下无法开展的讨论和交流，但在教育过程中更有成效的讨论和交流还离不开师生之间面对面的沟通；MOOC 能提供反映学生们学习状况的众多数据，但教育活动毕竟还是一种经验化很强的实践活动，教师通过多年教育实践获得的经验并借以评价学生的学习效果也是不可缺少的环节。所以，教师不能只通过 MOOC 这个平台与学生完成所有讨论和交流，还需要与学生保持面对面的沟通；教师依靠 MOOC 提供的数据分析学生的学习状况也只是一个方面，另一个方面还需要教师具有经验化的个性判断。总之，随着 MOOC 教育模式时代的到来，作为高等教育重要组成部分的思想政治理论课来说，还有很多挑战去面对，很多机遇去迎接。

第七章　素质教育视域中的大学生思想道德教育

素质教育是当代高等教育必然的发展趋势。从素质教育的视域来看大学生思想道德教育的问题，首先要澄清素质教育与大学生思想道德教育之间的关系；其次，在具体的教育实践中人文素质教育、文化素质教育和科技道德素养教育构成素质教育和大学生思想道德教育二者之间的纽带。

第一节　素质教育与大学生思想道德教育

在科技突飞猛进、综合国力竞争日趋激烈的时代，思想道德教育主导着社会主义现代化建设的进程，而由应试教育向素质教育的转变是社会主义现代化建设的迫切需要。如何处理好思想道德教育与素质教育的关系，加强思想道德教育，使其适应素质教育的需要，更好地为现代化建设服务是当前思想道德教育工作亟待解决的问题。

一、思想道德教育与素质教育的关系

思想道德教育与素质教育密不可分，分析二者的关系并将其应用于实践，对于加强思想道德教育，发挥其对社会主义现代化建

设的主导作用具有巨大的指导意义。

素质教育是以发展学生各种专业能力和综合能力为核心的教育。它是一种通过加强和提高学生个人的人文素质、科技素质、心理素质和身体素质进而全面发展学生的综合能力，培养学生自主发展和创新能力的教育模式；思想道德教育则是以政治思想为核心和重点的思想、道德、心理的综合教育实践。不难看出二者在概念的外延上是交叉的：思想道德教育是素质教育的重要组成部分。

实施素质教育，就是全面贯彻党的教育方针，以提高国民素质为根本宗旨，以培养大学生的创新精神和实践能力为重点，造就“有理想、有道德、有文化、有纪律”的德、智、体全面发展的社会主义事业建设者和接班人。也就是说，实施素质教育必须把德育、智育、美育、体育有机地统一在教育活动中。学校教育不仅要抓好智育，在当前环境下，尤其要重视德育（思想道德教育）的大力发展。思想道德素质是最重要的素质，这一点正如苏联教育家苏霍姆林斯基曾说过的，和谐全面发展的核心是高尚的道德。思想道德教育正是以思想道德素质这一素质为基础，推进人全面素质的提高的教育实践。

那么，为什么说思想道德素质是最重要的素质呢？首先这是由思想道德素质本身的性质决定的。在人的综合素质中，作为思想、道德、心理三方面结合的思想道德素质起着根本的导向作用，为其他素质的发展提供保障。政治素质解决立场、态度、理想等问题；道德素质解决行为习惯的实践问题；心理素质解决行动和意志的主动性和积极性问题，所以必须保证思想道德素质的主导地位。其次是由人才的培养目标决定的。邓小平同志指出“学校应该永远把坚定的政治方向放在第一位”，这表明政治方向是人才培养目标的指导方向。他还多次指出在“有理想、有道德、有文化、有纪律”的四有新人目标中我们最强调的是“有理想”，而社会主义理想又不能自发形成，只有通过思想道德教育才能使大学生树立共产主义崇高的理想,因此必须强调思想道德素质是最重要的素质。最后,思想道德素质是最重要的素质是由社会主义现代化建设所面临的形势和任务决定的。只有保证人才思想道德素质质量,才能为现代化建设培养合格的建设者和接班人。综上,思想道德素质是最重要的素质,思想道德教育是素质教育的灵魂。

同时,思想道德教育也离不开素质教育这个载体。思想道德素质是最重要的素质,不断增强大学生的爱国主义、集体主义和社会主义思想是素质教育的灵魂,但思想道德教育作为素质教育的灵魂也必须有所依托,必须有自己的载体。因此思想道德教育不能脱离其他素质教育,没有中国历史、地理、文学知识和政治知识的武装,人们的爱国主义、集体主义和社会主义是很难建立的。总之,思想道德教育是素质教育的灵魂,素质教育是思想道德教育的载体,思想道德教育与素质教育密不可分,相互影响,相互促进。当前要加强对思想道德教育重要性的认识,巩固思想政治工作是其他一切工作的生命线的观念,同时充分利用素质教育这个载体,使思想道德教育适应素质教育的发展,以此加强思想道德教育,推进现代化建设的进程。

二、适应素质教育特性,加强思想道德教育

素质教育作为一种教育理念具有主体性、发展性、全面性和实践性等四个特性。根据思想道德教育与素质教育的关系,使思想道德教育适应素质教育的特性,加强思想道德教育,全面推进人才素质建设。

(1)适应素质教育的主体性,强化思想道德教育的自我教育功能

应试教育忽视教育者的主体性地位,习惯于讲授抽象、空洞的理论,抹杀大学生的主动性和积极性。而素质教育以科学的理念认为人的潜能是巨大的,教育的任务就是要通过科学的内容和方

法调动大学生的能动性，培养其创造思维，增强其自我教育的能力，体现大学生在教育过程中的主体地位。良好的思想道德教育不仅是教育者主导作用的体现，更重要的是发挥大学生的主体能动作用。

适应素质教育的主体性就是要加强大学生的自我教育功能。要引导大学生依靠自身，自觉地接收先进思想和正确理论，克服不良行为，促使思想道德向良好的方向发展。正如著名教育家叶圣陶所说的，教育的目的就是为了达到不教育。思想道德教育者要通过科学的原则、准确的内容、灵活的方法引导大学生自我认识、自我评价、自我改造、自我践行，充分调动大学生自己教育自己的积极性。针对当前学生道德价值多元化、道德意志薄弱的特点（主要表现为对先进的道德意识和观念表示可敬不可学，不能把这些道德情感付诸道德实践中去，不能将良好的道德情感坚持到底，无法形成良好的道德行为习惯），努力培养他们品德修养能力。

在思想道德教育过程中，充分调动大学生的积极性，帮助他们正确理解和掌握道德概念，培养他们的自我道德判断能力，培养其自控能力；开展丰富多彩、生动活泼、有针对性的活动，寓教育于活动之中，做到“晓之以理，动之以情，导之以行、持之以恒”，使他们形成正确的道德认识、高尚的道德情感、坚强的道德意志，直至形成稳定的道德行为习惯。（上述四者统一，即品德修养能力。）

（2）适应素质教育的全面性，提高教育者素质，改善教育环境

素质教育认为要培养具备综合素质的人才就必须充分利用教育者、大学生、教育环境和教育媒介等各种因素，使之全面协调起来，共同促进教育目标的实现。素质教育这种全面考虑各种教育因素的思想应用到思想道德教育中，就是要全面考虑影响思想道德教育的影响因素，使其协调发展，共同促进思想道德教育效果的加强。思想道德教育主要由教育者、大学生和教育环境构成。除大学生在教育过程中起主体作用外，教育者在教育过程中起主导

作用，教育环境是思想道德教育的重要影响。加强思想道德教育必须全面提高教育者素质，全面改善教育环境。

首先，素质教育要求教育者全方位提高自身素质。现代社会是信息的社会，知识不断更新，环境不断变化。新形势下的教育工作者不仅要传道、授业、解惑，而且要以培养学生的素质和能力为目标，以培养学生思想道德修养能力为重点，教会学生怎样做人，如何适应社会。因此，教育者要不断学习，获取知识，拓宽文化视野，提高综合素质，不断加强自身修养，发挥教育主导作用。当前尤其要增强教育者的创新意识，不断更新教育内容和教育方法，有针对性、高效地开展教育活动。如果一名思想道德教育者，不能完成从思想政治理论知识的传播者向适应素质教育的综合型教育者的转变，则根本谈不上加强思想道德教育。

其次，适应素质教育全面性特性全面改善教育环境。大学生的思想道德素质必然受到外在环境的影响，社会、学校、家庭对于大学生思想道德素质的发展起着重要的作用。社会、学校、家庭应三位一体，齐抓共管，共同促进教育环境的改善。政府部门要清正廉洁，务实为民，依法执政；社会各界要遵纪守法，规范社会文化导向，传播有利于社会稳定、积极向上的观点及信息，同时政府要与社会团体、社会组织联合起来，共同改善思想道德教育环境，将不利因素转化为有利因素；学校要依靠教育力量灌输先进思想和理论，把握方向，从根本上抵制不良因素的负面影响，同时要以社会为依托，拓宽思想道德教育空间。积极开展社会活动，锻炼大学生品德修养能力，促进学校、社会教育的一体化，优化教育环境；家庭要形成诚实守信、光明磊落、尊老爱幼的风气，家长要以身作则，使思想道德教育延伸到社会、学校之外。总之，三种教育环境因素共同协调才能形成良好的思想道德教育环境。

(3)适应素质教育发展性,创新思想道德教育目标、内容和方法

素质教育既是今天的教育更是面向未来的教育。素质教育依据当前人类知识迅速增长的现实,强调教育者要适应社会经济发展的状况,不断更新教育内容、创新教育方法,培养适应社会主义现代化建设的人才。如果不加快思想道德教育与素质教育相适应的内容、方法和体制的配套改革,那么思想道德教育只是流于理论上的探讨,很难落实到具体实践中,适应素质教育的发展性,就是要创新思想道德教育目标、内容和方法。

首先,在建设市场经济新形势下,思想道德教育目标要在"有理想、有道德、有文化、有纪律"四有新人的基础上强调协调性、进取性和创造性的统一。思想道德教育要结合经济、政治、文化发展形势,确立新的培养目标即社会主义的理想人格:具备远大的理想,以共产主义为奋斗方向,热爱祖国、热爱人民、关心集体,关心社会生活,具备民主、法制和竞争意识和为现代化建设服务的科学文化知识,独立、自强,勇于创新,充分发挥自身优势,等等。其次,要以新视角建构中国现代思想道德教育理论体系,创新灵活、实用的教育内容。教育要引导学生树立正确的世界观和方法论,结合新形势,加强形势政策、民主法制和维护社会稳定的教育,发扬优良文化传统,建立新的伦理观念,进行社会公德、职业道德、家庭美德的教育,同时引导学生树立适应市场经济发展的新思想和新观念,抵制各种错误思潮和腐蚀思想。最后,在教育方法上针对新一代学生的思想特点,多与之沟通思想,交流观点,以感化教育为主,管理教育为辅。只有不断发展更新教育内容和方法,坚持培养社会主义理想人格的目标才能使思想道德教育立于不败之地。

(4)适应素质教育的实践性,促进大学生知与行的统一

素质教育是知识与能力并重的教育:强调知识是能力的基础,学生要掌握广博的理论知识,同时也强调知识不等于能力,要把知

识应用于实践，使知识始终处于实践状态。在我们的教育中长期存在着重知识、轻能力的问题以及高分低能的现象。这是素质教育反对和排斥的。同样思想道德教育也要适应素质教育实践性的要求，不能仅仅传授教育理论，忽视教育实践，忽视大学生知与行的统一。

思想道德教育者要经常组织和开展一些灵活多样、寓教于乐的活动，发挥这些活动在思想道德理论向道德行为实践转化过程中潜移默化的影响作用。组织大学生参观纪念馆，访问优秀团体，听取先进事迹报告会等活动，为道德行为实践奠定良好的道德认识基础；开展有益的社会活动如社会调查、公益宣传，等等；进行各种理论知识竞赛、文体比赛等，以巩固道德认识，培养道德情感，锻炼道德意志；在一定范围内树立可亲、可敬、可学的典型用以示范，以明确的目标加强大学生道德实践的动力；此外也要把思想道德教育渗透于教育管理中，运用一定的组织纪律和措施来协调、约束、规范大学生的行为，从另一面促进大学生由知向行的转化。

第二节　大学生人文素质的特色培育

中国的高校人文素质教育已经进行了许多年，虽取得了明显成效，但如何把高校人文素质教育继续推向深入，并形成自己的教育特色，仍然是困扰高校人文教育的难题之一，迫切需要教育界和文化界探讨出新思路、新途径。针对这一情况，中国高等教育学会、东南大学、清华大学、华中科技大学等校曾经发起“中国人文教育高层论坛”，以期通过高层探讨、名家演讲、提出阅读人文经典的倡议等方式，为中国高校人文素质教育把脉，推动其向更深层次发展。

一、高校人文素质教育的模式与特色

素质教育在美国被称为“通识教育”，在日本被称为“完人教育”，它是一种挖掘人才的潜在优势、激发人的创新能力的综合教育。1995 年，原国家教委决定在高等学校加强大学生文化素质教育工作，并在北京大学、清华大学等 53 所院校进行试点。1998 年，教育部成立高等学校文化素质教育指导委员会，同时批准建立 32 个国家大学生文化素质教育基地。

东南大学作为教育部高校人文素质教育的基地，高校人文素质教育起点高、影响大、特色鲜明，人称“东大模式”。东南大学的人文教育又称“通才教育”，目的是要把大学生培养成为有哲理、有情趣、有品位、有高尚人格的人。他们的具体做法是：一是以丰富多彩的文化活动为载体，对学生进行高校人文素质教育。东南大学每年都要邀请一些著名的文艺团体来校开展文艺活动，例如交响音乐会、民族音乐会、京剧演示会、昆剧联欢、经典话剧片段展演、世界影坛精品长廊、中国唐宋名篇名家朗诵会等，让学生们受到一次次生动的艺术熏陶和审美教育。二是利用江苏省人文荟萃的优势，在校外建立了一大批文化素质教育基地，如南京博物院、南京陶行知纪念馆、无锡吴文化公园、江阴徐霞客故居、叶圣陶纪念馆等。《人民日报》曾以《工科也学文，雅事满校园》为题，对东南大学的高雅文化进校园活动作过特别报道。三是邀请中国著名教授、学者，举办高水平的学术讲座。1998 年 9 月 18 日，东大“周末论坛”诞生。从首次“周末论坛”开始，一批批文化名人和科学大师经常出现在东南大学的校园里，形成了一道道亮丽的风景线。一大批学界著名学者，先后到东南大学演讲，掀起了一场场的宣扬人文精神的热潮。

中国科学技术大学的高校人文素质教育特色是追求“自然科学与人文科学的一体化”。自然科学与人文科学的一体化是科学发展的大趋势之一，中国科大致力于培养具有全面素质的高层次的科学技术人才，这是与当代世界高等教育体制接轨的重要举措，也是全面贯彻党的教育方针、推进全面素质教育的重大步骤。为此，他们成立了高校人文素质教学研究部，开展有“魅力·人文”系列报告会，重点培养和提高理工科大学生的人文素质。他们的高校人文素质教育包括两个方面：一是学生活动，二是课堂教学。科大在国内率先实施了“大学生研究计划”，开设研讨班课程，设立大学生科技创新活动基金和大学生实践与创新基地，鼓励本科生参加科技创新活动及到研究院所开展毕业论文设计等科研工作，同时加强学生的科学精神和人文教育，邀请著名科学家畅谈科学人生，为培养适应21世纪的新型人才奠定基础。

清华大学以“工程师的摇篮”著称，其根据当今世界人文科学与自然科学交叉发展、人文教育与科学教育走向融合的大趋势，依托强大的理工科背景，通过“文理渗透、学科交叉”的方式，形成了其高校人文素质教育的特色。他们在总结20多年文科复建经验的基础上，提出了“小而精、有特色、高水平”的文科发展新思路。20多年来，清华大学按照综合性大学的模式，先后恢复建立了经济管理学院、人文社会科学学院、法学院、美术学院、公共管理学院、新闻传播学院等，覆盖8大学科门类，基本形成学科门类比较齐全的文科发展框架，实现文科的快速发展，并努力形成“中西融会，古今贯通，文理渗透，综合创新”的特色治学方式。以上模式和特色，基本上代表了我国高校人文素质教育的主流模式和个性特色。

二、现行高校人文素质教育的不足和缺陷

应该说，我们现行的高校人文素质教育取得了很大成绩，优化了人才的知识结构，为高等教育的发展作出了一定贡献。但是，其中也存在着明显的不足，尤其在特色培育方面，存在着相互模仿、内容陈旧，不能适应时代发展需要的缺陷。

第一，注重对大学生的人文知识灌输，忽视对大学生的人文精神的培育。人文精神是人类社会为追求自由平等、公平正义而提出的思想理念和道德诉求，它继承了中华五千年文明传统，有深厚的历史积淀，广泛吸收了世界文明的思想精华，成为人类社会自强不息、厚德载物的持久动力。正是在这种人文精神的推动下，人类才使人类社会摆脱野蛮、愚昧和专制，进入自由、平等、民主、法制的新时代。我们的先人“为天地立心，为生民请命，为往圣继绝学，为万世开太平”，倡导“富贵不能淫，威武不能屈，贫贱不能移”，号召人们“先天下之忧而忧，后天下之乐而乐”，力求使人们抛弃狭隘自私，不断追求丰富多彩的美好人生，从而把人培养成“一个高尚的人，一个纯粹的人，一个有道德的人，一个脱离低级趣味的人，一个有益于人民的人”。而我们的高校人文素质教育，除了知识灌输、技能培育之外，很少关注大学生人文精神的培育和养成，总认为人文精神和民族精神，不是“高、大、全”就是“假、大、空”，与其花费精力干一些出力不讨好的事情，不如做一些看得见、摸得着、立竿见影的事情。

第二，注重科学意识的培养，忽视公民意识的养成。随着经济全球化、政治民主化、文化多元化时代的到来，人们的生活方式、思维方式都在发生突变。应该说，科学发展的范式突破对高校人文素质起着巨大的推动作用。但是，教育领域的实用主义和工具主义的横行，使人们把教育当成了“敲门砖”和“摇钱树”。北京理工大学杨东平教授在《读经之辩：回到常识和现实》一文中指出：“在全球化和功利主义、工具主义的社会环境中，青少年一代作为中国人的文化特质正在迅速丧失，对文化传统可以一无所知，对书法和民乐可以一窍不通，剑桥英语却不可一日不读，视麦当劳、肯德基如亲娘老子。各地在经济开发中严重破坏历史文物和自然环境，一些地方甚至赡养老人的基本道德都难以维系，都反映了传统割裂所造成的深刻道德和文化危机。当下所谓受过教育的知识分子，无论拥护还是反对读经，基本已无国学素养可言，许多人甚至缺乏对传统尊重的情感和企图了解的态度；而拥护或反对读经的上一辈学人，无不具有深厚的国学根基和与传统的天然联系。……世界上没有一个民族是以否定、割断自身的历史文化传统作为文化方针和教育方针的。越是在全球化时代，民族文化越成为一种有价值的追求。一个不尊重自身历史文化传统的民族，不可能赢得其他民族的尊重。中华民族的复兴，不可能是'经济动物'的崛起。"①

第三，注重传统文化教育，忽视现代文化教育。在人们的心目之中，一说进行高校人文素质教育，马上就会想到传统文化知识讲座，不是《论语》就是《中庸》；不是《老子》就是《庄子》，而很少关注后现代人文主义思潮和后现代公共政策的文化解构，更不知文史哲发展的最新成果。因此，高校人文素质教育不能一切向后看，而要向前看。传统文化是精华和糟粕的混合体，有积极、有益的民族精神，也有落后、狭隘的封建意识。中国正在向现代化的社会迈进，传统的田园牧歌式的生活已经或正在被打破，代之以核心家庭结构、高度个人自主的、等价交换形式的、强烈竞争性的、以个人才能和业绩为主要价值衡量的社会体系。不管人们怎么怀旧和伤感，怎么留恋昔日的温情，却很少有人愿意回到茅草屋、煤油灯、日出而作、日落而息、等级制、慢节奏的生活。传统文化素质教育不是让人们回归历史，而是让人们回归现实，展望未来。但是，许多高校却对现代文化不予认同，致使现代文化的教育一片空白。

第四，注重求同模仿，忽视特色创新。某一个学校的高校人文素质教育一旦形成了特色，做出了成绩，其他学校就会慕名而来，模仿学习。这个高校建立高校人文素质教育基地，全国高校就会出现一个建设高校人文素质教育基地的高潮；这个高校举办人文大讲堂，其他高校也会竞相模仿，让一些毫无新意的老面孔，频频

---

① 杨东平：《读经之辩：回到常识和现实》，《理论参考》2002年第7期。

出现。这种赶潮流的高校人文素质教育模式,已经成为教育公害,迫切需要推陈出新。

三、高校人文素质教育的特色培育

21世纪的中国大学将会更加注重坚持科学教育与人文教育的结合、人文精神与科学精神的统一,更多关注大学自身的气质、品位与神韵的养成与提升。为了适应这些教育发展新变化,高校人文素质教育也要采取相应对策,优化自己的特色培育。

其一,要引进国际高校人文素质教育新课程,建立高校人文素质教育课程新体系,实现高校人文素质教育的规范化和国际化。例如STS教育的文理交融就是一种很好的尝试。“STS”(Science Technology & Society)是科学—技术—社会英文字母的缩写。它是近二三十年来世界上形成的一种新的教育思想和模式,其影响正在日益扩大。其特点主要有:1.重视科学知识在社会生产和生活中的应用;2.重视技术教育,以使科学知识有效地转化为生产力;3.强调科学技术在社会中的价值,培养学生科学的价值观;4.重视素质教育而不是片面强调精英教育;5.重视学生参与意识、扩展能力、处理信息和解决问题的决策能力的培养。STS教育的目的是培养学生掌握与科学技术、社会有关的问题意识和知识,提高其解决科技所产生的诸多问题的能力,树立科学技术与社会协调发展的新型的世界观、人生观和价值观。其具体表现在:提高学生对科学技术与社会关系问题的研究兴趣;使其认识到科技对社会的正反面的影响,尤其是科学技术对环境的负面影响;使之认识自然科学与地理学、经济学、历史学等人文科学的密切关系;以辩证法的观点考察科学技术和人类现实生活之间的相互关系。①

① 参见张明国、陈凡《开展STS教育促进理工科大学教育文理交融》,《中国高等教育》2001第19期。

其二，坚持以人为本，把关心人、爱护人、培育人作为高校人文素质教育的核心价值，形成高校人文素质教育新模式。要通过文化素质教育，更新教育思想和教育观念，从更深的层面上思考教育价值观、人才观、质量观和教学观，有力地促进教育思想的转变。要把文化素质教育逐步落实到学校人才培养的全过程和教育教学诸环节，建立起内容覆盖课堂教学、校园文化和社会实践的文化素质教育体系。在高校人文素质教育阶段，要让每一个大学生都学会如何生存、如何做人、如何做事、如何处世，使每一个大学生都能成为一个人格健全的人、意志坚定的人、思想独立的人和富有爱心的人。

其三，强化公民意识，培养国际通用型人才。随着经济全球化时代的到来，一种“胸怀祖国、放眼世界”的新型公民意识正在形成。新型公民意识不仅要求大学生要懂得国际通用语言，熟悉国际交往的基本礼仪和规范，还要求他们必须摆脱狭隘的民族意识、落后的文化偏见、低劣的传统习俗，成为一名能够与各国各民族友好相处的世界公民，这就是所谓“大公民”的观念。这种新观念要求今天的人才要诚信守法、公正无私、自觉履行政治责任和社会义务，有文化、有思想、有远见，懂得世界发展大趋势，能够适应世界复杂多变的各种形式，为人类的进步、世界的和平作出贡献。

其四，强化科技伦理教育、环境伦理教育。我们反对自由主义，却不能反对自由；我们崇尚科学，但不能崇尚科学主义。科学主义把科学技术极端化、绝对化，有可能使人们丧失基本的人文精神和科技伦理、环境伦理，完全以征服者的姿态对待自然、对待人类。这是中国高校人文素质教育的最大障碍，也是树立高校人文素质教育特色的关键，突破了这个关键和瓶颈，我们的高校人文素质教育就会走出山重水复的困境，迎来柳暗花明的佳境。

第三节　大学生文化素质教育的课程

大学生思想道德教育是高校文化素质教育的主要载体,课程建设是高校文化素质教育的核心工作。在全面推进文化素质教育工作的思想引领下,我国高校的文化素质教育课程建设取得了显著的成效,但是要达到规范化的标准和水平还需进一步的努力。

一、高校文化素质教育课程规范化建设存在的问题

1998年教育部颁发《关于加强大学生文化素质教育的若干意见》以来,我国各高校按照"开好文化素质教育的必修课和选修课"的要求,在文化素质教育的课程建设上进行了大量的理论探索和实践创新。这些努力大致可以概括为三种模式:第一种情形是以第二课堂为主渠道的文化素质教育课程建设模式,包括举办讲座、开展活动、建设校园文化等。第二种情形是全面学制改革的文化素质教育课程建设模式,主要是全面借鉴美国通识教育理念来进行。第三种是以课堂教学为主渠道的文化素质教育课程建设模式,立足于必修课和选修课的系统建构等。几种模式之间没有绝对的界限,在实践操作层面更是互相补益的。可以说,无论采取哪种课程建设模式,各高校的文化素质教育都是基于对政策的理解和自身的实际情况所作出的积极探索。这里的讨论主要以第三种模式为视角展开。

课程是高校文化素质教育的主要载体,这表现在无论是必修课还是选修课,都是高校实施文化素质教育的基本途径。由此,能否构建规范化的课程体系成为决定高校文化素质教育成效大小的重要因素。近些年,全国各高校的文化素质教育课程建设取得了令人瞩目的成绩,同时也存在一些亟待解决的问题,在成绩之上总结经验,在问题之中发现不足,并寻求开拓创新之道,更有利于工

作的进一步开展。

目前，各高校几乎都有一些既体现国家统一要求又具有自身特点的文化素质教育课程建设的经验或做法。从整体上说，各高校的文化素质教育不仅在课程的规模和数量上都已“达标”甚至“超标”，在课程性质的把握上，“通识教育”的精神和理念也逐步深入，越来越能反映文化素质教育的根本宗旨。但是，当前各高校要在文化素质教育课程建设上取得更大的进步，就不能只在如何更多地开设符合国际潮流的课程等方面下功夫，而是要切实做好课程建设的规范化工作。之所以提出文化素质教育课程规范化建设的问题，正是基于当前高校文化素质教育课程建设所存在的若干有待规范的现象。这些现象，概括起来主要有：

（一）文化素质教育课程的定位有待规范

课程定位在课程建设各个环节之中居于首要位置。课程有了明确的定位，课程的内容选择、结构优化、讲授组织、考核评价等其他环节才有了基调。当前，高校文化素质教育课程的定位需要进一步规范之处主要表现在：要明确文化素质教育的最终目标是知识传授还是素质培养。我们认为，培养高素质的大学生是高校文化素质教育的最终目标，知识传授在这个目标实现的过程中只是一个手段，正如《关于加强大学生文化素质教育的若干意见》中所指出的：“所开课程要在传授知识的基础上，更加注重大学生人文素质和科学素质的养成和提高。”应当说，这个目标定位无论对于文化素质教育的管理者还是实施者来说，一般不存在认识问题，但由于受到当前高等教育过于强调课程的专业性、过于看重课程的直接效果等倾向的影响，文化素质教育课程在实施过程中常常出现目标偏离，也就是出现以知识传授为导向的文化素质教育课程居多，培养学生全面素质的课程偏少；把文化素质教育仅仅看作专业课的补充或是选修课学分的扩展，授课过程中教师对学生的要求也相对降低等现象。要改变这种现状，就必须在课程实践的全过程始终把提高学生文化素质、促进其全面发展作为高校文化素质教育的基本定位。也就是说，要充分认识到文化素质教育不应仅仅是某些知识或技能的获得，而且关系到学生在知识、道德、批判性思维、创造性、想象力等各方面综合素质的均衡发展。

（二）文化素质教育课程的规模有待规范

当前高校文化素质教育课程在发展规模上呈现如下态势：首先，课程开设的数量越来越多，课程涉猎的内容越来越广，几乎涵盖了社会生活的各个领域，有的学校甚至开出三四百门的文化素质教育课程，而即便是哈佛大学的通识教育课程，数量大约也只有100门左右。课程虽多，但很多课程之间的内容却缺乏有机的联系，换句话说，很多课程所讲授的内容只是某领域的专业问题，比较繁琐，学生很难在各门课程之中相互借鉴和提高。其次，生活常识类和工具类的课程在整个文化素质教育课程体系之中居多，经典阅读性质、跨学科性质的课程所占的比例则较少，众多课程难以整合出一门或数门核心的文化素质教育课，以至于教师泛泛地教，学生泛泛地学，学校素质教育管理部门与教师都无暇顾及教学质量，为完成任务而完成任务。因此，当前高校文化素质教育的课程建设应当本着“少而精”的原则，在深度和精度上进一步规范。

（三）文化素质教育课程的稳定性有待规范

教育部提出加强文化素质教育课程建设的指导意见之后，各高校都在力图探索适合自身特点的可持续发展的课程体系，但实际上，很多高校的文化素质教育课程却经常处于不断的变更、调整之中。有的由于学科结构调整，文化素质教育课程性质被改变；有的由于学校发展思路调整，文化素质教育课程规模被削弱；有的由于师资条件变化，调整授课教师甚至取消课程；有的由于管理方面的原因，部分课程时而开，时而不开；有的由于文化素质教育创新的需要，新课代替旧课……诸如此类，可以总结出两个突出问题：首先是“因人设课”，即开设哪些课、何时开课没有统一、明确的计划，却取决于有哪些老师以及在哪些时间能开出这些课，不能顾及课程体系以及课程结构的合理性。其次，文化素质教育课程的授课教师多处于“孤军奋战”的状态，而不是“团队作战”，即没有形成一支高素质的文化素质教育团队，或组建单独管理并组织实施文化素质教育课程的机构。鉴于目前大部分高校的实际情况，要保证文化素质教育课程的稳定性需要做大量工作。

（四）文化素质教育课程的管理有待规范

对于大多数专业课来说，规范化的管理大体上就是教师、学生和学校教务处等相关部门都能按章行事，使课程沿着预定的目标顺利地开展，但是对于文化素质教育这样一类性质特殊的课程来说，还有某些特殊要求，即它不仅要接受学校教务部门对于课程实施和授课评价等环节的管理，同时还要设置独立的文化素质教育管理部门以承担开课审核等管理职能。当前大多数高校的文化素质教育课程能否开设多由教师个人决定，缺乏独立的机构在开课前对课程性质和课程内容等方面进行把关。台湾地区的一些学校实行由学院、学校课程以及通识教育主管部门的“三级三审制”，即教师申报的课程只有通过这种审查才允许开课。审查的主要内容就是要看课程是否体现了学校文化素质教育的目标、教师是否具备开课的条件、课程计划书是否科学合理等。课程一旦被审核通过，就不能轻易调整，以保证课程的稳定性和连续性，这样的经验值得我们借鉴。当然，与其他课程一样，文化素质教育授课过程接受教务部门的督导管理也是必要的，没有这一环节也难保证授课质量。

（五）文化素质教育的教材有待规范

高质量的教材既是文化素质教育课程建设标志性的成果，也是文化素质教育课程建设取得实效的基本保证。当前，我国高校文化素质教育课程开设的数量越来越多，与之配套的教材却非常少。不少教师或者用零散的自编讲义，或者用通论式的专业著作等当教材，这些做法都使文化素质教育课程具有很大的随意性或过强的专业性。所以，教材建设是当前文化素质教育课程建设需要特别重视的。如今，各高校文化素质教育的教材建设受制于两个条件：第一个条件是，学校能否组建一支教材编写的师资队伍，能否聘请相关领域的权威专家对教材编写进行指导，甚至参与教材的编写。第二个条件是，学校能否给予大力度的支持，包括提供经费和时间保障，把教材编写与科研成果同样对待等。各高校只有在主客观两个层面共同努力，才能保证高质量的教材建设。

二、高校文化素质教育课程规范化建设的实践

无论是美国大学的通识教育还是香港地区的博雅教育，都把构建科学的课程体系看成其文化素质教育的第一要务，国内诸如清华大学、北京大学等著名高校也将建构合理的课程体系视为文化素质教育取得实效的关键。北方工业大学作为一所以工科为主的多科性大学，一直把大学生文化素质教育的课程建设当作一项系统工程，在文化素质教育上实现了整体推进、重点突破，构建了较为规范的文化素质教育课程体系。

（一）打造3门文化素质教育的核心课程

大学美育、传统文化经典阅读和大学语文是我校文化素质教育的3门公共必修课。20世纪80年代起，我校旨在培养大学生日常生活中的审美情趣而开设了大学美育课程。2008年，该课被评为国家级精品课，并一直是我校文化素质教育课程体系中的亮点之一。我校还借鉴美国通识教育的先进理念，即核心课程设计模式以及经典名著性的课程设计，在十余年开设中国传统文化课的经验基础上，于2008年开设了传统文化经典阅读课程，由五位教师协作教授包括《周易》《论语》《道德经》《坛经》等在内的中国传统思想文化经典，广受学生的欢迎。此外，我校的大学语文课注重讲授文学经典，锻炼学生的阅读写作能力，也取得了很好的实效。经

过多年的实践，这3门课程构成了我校文化素质教育课程体系的核心。

(二)精心设计“文化素质教育十五讲”等一批文化素质教育主干课程

在广泛借鉴国内外成功经验的基础上，经过多部门的密切配合和共同努力，我们组成了专门的课程建设小组，首批建设8门课作为“文化素质教育十五讲”的骨干课程，这8门课分为四个模块，加强了文化素质教育课程之间的有机联系和学科整合。中国文化十五讲和西方文化十五讲两门课符合国际通识教育的一般做法；生活美学十五讲和创意文化十五讲两门课符合当今时代的要求，富有新意；中国戏曲十五讲和古典诗词十五讲两门课教授的是中国文化的精粹，文化信息丰富，适合通识教育；比较文学十五讲和中西建筑十五讲两门课意在进行中西文化的比较，让学生在差异中感受文化的魅力，在互证中提升人文素养。除了这8门课程外，为了更好地规范文化素质教育课程，保证文化素质教育课程建设计划的延续性，我们又经过严格的遴选程序，确定了中国哲学十五讲、西方艺术十五讲等12门重点建设课程加入十五讲的课程体系。这20门骨干课程，每门课15讲，共计300讲，内容涵盖“文、史、哲、艺、科、经”等方面，以满足学生本科阶段的基本需求。除以上课程，我校教师还开设了艺术概论、外国文学、中国文化史、音乐鉴赏等百余门选修课程作为副翼，一并构成了以定位相对明确、结构相对合理、内容相对丰富、运行相对稳定、管理相对严格为特点的文化素质类课程体系。

(三)保证课程建设的规范化，提供相应的制度设计和组织保障

学校以立项的形式对所开设的文化素质教育课程予以重点资助，并以统一的精品课评审指标体系作为标准，对每个立项课程在课程的建设目标、讲授内容、评价考核以及改革方向等方面作出具

体要求。学校还对每学期开设的文化素质教育课程的门数提出明确的要求,并以中期检查等方式对本学期所开设课程进行质量监控。教务处和文化素质教育基地督促开出的课程改进教学方法,提高教学水平,确保教学质量。具体的做法,如要求课程建设期间应当有教改论文发表、一段时间后应有配套教材出版,此外,还推出了集群博客等现代教学手段等。学校秉承着为学生提供最好教育资源的理念,所有的文化素质教育课程不仅由学校各部门现有骨干教师讲授,而且邀请到国内知名学者共同参与课程目标定位、实施方案选择和配套教材编撰等文化素质教育课程建设的具体工作。

(四)与课程体系建设同步,稳步推进课程配套教材建设

我校已经编辑出版了10余部文化素质教育教材。《大学美育》自1997年由高等教育出版社出版以来,其间多次印刷,累计发行达12.57万册,被列入普通高等教育“九五”“十五”国家级重点教材和《大学生文化素质教育书系》第一批书目,填补了我国高校美育统编教材的空白,为北京师范大学、浙江大学、中国人民大学、复旦大学等国内10余所院校采用,产生了良好的社会影响。2001年,《大学美育》荣获国家级教学成果奖二等奖。《大学美育》课程配套的多媒体系统已由高等教育出版社公开发行,实现了该课程教材的立体化。作为大学语文课程的教材,《文学鉴赏导读》获北京高等教育教学成果二等奖,2004年被评为北京市高等教育精品教材。《艺术设计审美基础》被列入高等教育出版社获奖书目,成为教育部推荐教学用书,2006年被评为北京高等教育精品教材。学校重点打造的8门“文化素质十五讲”系列课程于2010年春季学期陆续开出,配套教材于2011年陆续出版。

三、高校文化素质教育课程规范化建设的体会

随着各高校文化素质教育课程建设工作的逐步推进,出现了

诸多具有创新意义的理论探索以及各具特色的实践经验，总结我们自身的理论探索心得和课程实践体会，主要有如下几点。

（一）开展适合本校特点的文化素质教育是课程规范化建设的基本前提

文化素质教育课程的规范化不是整齐划一，不是抹杀各个高校自身的特点和自身所具有的优势，恰恰是要既能遵循文化素质教育自身的发展规律又能体现高校自身的特点和优势，即达到富有实效的共性和个性相统一，这才是文化素质教育课程规范化的根本宗旨。这一理念要求我们，文化素质教育课程的设计、实施、评价等环节都要符合学校自身发展的现状，要量力而行，逐渐积累，而不能好高骛远，华而不实。正如那些通识教育开展得较好的国家和地区的高校，虽然在通识教育核心课程的质量、份量、严肃性和严格性都是相似的，但它们却都有着自己学校的鲜明特色。例如哈佛大学和哥伦比亚大学在通识教育上同样卓有成效，却有着不同的教育机制，这些不同的教育机制是与它们各自的历史传统、政策支持和发展方向密切相关的。所以，我国各高校如果只是一味地照搬国外通识教育的模式，而不顾我国高等教育发展的实际情况以及自己学校具有的特点和优势，那么，我们的文化素质教育课程只会变得支离破碎或蜻蜓点水，缺乏深度和内涵。

（二）合理规划文化素质教育的课程结构是课程规范化建设的重要环节

文化素质教育课程体系是一个庞大的系统，在体系之内它涵盖着种类众多的课程，在体系外它又与其他纷繁复杂的各类学科相关联。具体地说，文化素质教育课程与其他公共必修课、公共选修课、专业基础课、专业课一起共同构成本科教育的课程体系，体系之中的各类课程相互支撑。高等教育不能忽视文化素质教育课程的作用，因为正是文化素质教育课程在本科教育的课程体系之中连接和凝聚着其他各类课程，进而使得所有课程成为一个有机的整体。但是,文化素质教育课程毕竟有着自身的特点,在本科教育的课程体系之中也构成一个相对独立的系列。所以,文化素质教育不能取代专业课,专业课也不能取代文化素质教育课。长期以来,受文化素质教育课就是让学生获得知识、让学生“什么都知道一点”等偏见的影响,一些高校把英语课、体育课、计算机课等公共选修课都纳入文化素质教育课程的范畴,这样,文化素质教育课程的学分就几乎占到学分总数的一半以上,无疑扩大了文化素质教育课程的范围,使得文化素质教育的课程结构失去科学性。另一方面,一些高校受通识教育理念之影响,甚至把文化素质教育课程等同于美国的“通识教育”,将某些专业色彩较重的课程也列入文化素质教育课程的范畴,这样又缩小了文化素质教育课程的范畴,也使得文化素质教育的课程结构失去科学性。北方工业大学在培养方案、教学计划的修订和相关专业的建设中,注重文化素质教育课程结构的合理设置。学校近 3 次修订教学大纲的过程中,都将文化素质教育课程融入本科教学的全过程。在理工类课程教学中自觉贯彻素质教育的核心精神,努力培养充满人文关怀、具有较深厚人文底蕴的各类专业人才。同时,学校也力图通过开设核心课程以及“文化素质教育十五讲”等系列课程,保持文化素质教育自身的独立性。总之,希望通过全方位素质教育,将文化素质教育与专业教育有机地结合起来,切实提高大学生以文化素质为核心的全面素质。

(三)理顺文化素质教育的管理机制是课程规范建设的有力保障

任何一项工作要取得实效都要理顺相应的管理机制。理顺文化素质教育课程的管理机制首先必须得到学校层面及各职能部门的支持和配合。我们的探索和实践如下:首先,成立“大学生文化素质教育指导委员会”,统筹协调文化素质教育课程的建设工作。指导委员由学校领导、相关职能部门负责人、各学院院长构成,定期召开委员会工作会议，制定工作计划，研讨理论问题，推进重大项目，总结工作成绩。其次，成立独立的文化素质教育管理、协调与研究部门——素质教育与现代文化研究所，并配有多名专职教师，贯彻落实课程建设工作。所开展的工作主要有，拟定学校文化素质教育发展的战略，整合各种资源，协调各部门开展文化素质教育课程和活动等。文化素质教育管理部门对于课程的管理不仅在于教学管理，更在于课程开设之前课程目标的制定、课程内容的选择、课程讲授方式的确定等环节的管理。再次，建设一支高水平的文化素质教育教师队伍，确保高质量的文化素质教育课程持续稳定地进行。如果某高校文化素质教育办得好，不会仅仅是一个或几个老师讲得好，更应是它拥有一支高水平的文化素质教育课程的教学团队。我校集中全校最优秀的文化素质教育相关专业教师，打造了一支高水平文化素质教育教学团队。该团队 2007 年被评为北京市优秀教学团队。团队建设既包括教学工作也包括科研工作，以科研促教学是文化素质教育的本质要求。团队教师通过主持“理工科高校文化素质教育课程体系研究”等一系列课题，出版《大学生 GE 阅读》《思想与文化研究丛书》等系列丛书，为课程建设的规范化提供了坚实的保障。

(四)培养具有较高文化素质的大学生是课程规范化建设的最终目标

高校文化素质教育课程建设的实施群体主要是教师，而课程建设的受益者则主要是大学生。所以，评价高校文化素质教育是否成功，关键还要看大学生是否真正从课程中受益，是否能在接受课程教育之后全面地提升了文化素质。我校秉承着为学生提供最好教育资源的理念，组织校内高水平的青年骨干教师讲授文化素质系列课程，同时也广邀名家共同参与、指导、示范，其目的都是力求做到让学生真心喜爱，终身受益。2007 年上半年，我校发起面向全校大学生的“大学生谈素质“系列征文活动，收到文章近 300 篇。

2008 年 3 月，我校将其中的优秀文章结集出版，即《大学生谈素质》一书。这是国内第一本由大学生谈素质教育的书，反映了大学生的企盼与心声，其中不乏真知灼见，最为重要的是素质教育听到了学生的声音。该书出版后，在师生中引起了较大反响，得到了相关人士的好评。时任教育部副部长赵沁平阅读该书后，欣然题词："素质教育以学生为本，学生成才以素质为本。"这个评价既是对于我校大学生文化素质教育工作的肯定，也是对大学生素质教育大方向的进一步明确。我们以学生为本的文化素质教育理念在实际工作中取得了实效。在 2010 年北京市第二届人文知识竞赛中，在由清华大学、中国人民大学、北京师范大学等北京 67 所高校组成的 130 支代表队中，北方工业大学代表队最终获得了二等奖。这对一所以工科为主的普通高校来说实属不易，也可以视为我校长期坚持文化素质教育结出的硕果之一。坚持开展文化素质教育也使我校大学生参与各类学习竞赛的积极性不断提高，参加全国及北京市各类竞赛屡创佳绩，获奖人数不断增多。毕业生也得到了社会认可，就业率始终保持在北京地区高校就业率平均线以上。如上事例都说明，我校大学生在接受了规范化的文化素质课程的熏陶之后，文化素质有了显著的提升。

第四节　大学生科技道德素质的养成

当代科技的发展比以往任何时代更需要伦理道德的引导和控制，这也使得人们越来越关注作为未来科技工作者的大学生群体的科技道德素质养成问题。科学技术的迅猛发展也凸现了作为科技道德素质养成重要途径的科技道德素养教育的必要性和必然性。

一、大学生科技道德素养教育提出的时代背景①

当代科技发展的影响无所不在，渗透于社会生活的各个领域。值得注意的是，科学技术作为一把双刃剑，一方面给人们的生活带来了巨大福祉，另外一方面也引发了无数令人困扰的问题，所以它的发展需要得到及时、有效的控制和引导，而科学发展观理论的提出正为当代科技革命的深入展开和人类社会的不断进步提供了基础性的理论支撑和引导性的实践指向。概括说来，科学发展观的理论对于我国当代科技事业的发展起着根本性的指引作用，在科学发展观的时代背景下更加突出伦理价值观和道德规范的重要作用。充分发挥伦理道德在科技发展中的积极的指引作用，既是贯彻和落实科学发展观的根本要求，也是社会主义现代化建设的必然选择。要充分发挥伦理道德在科技发展过程中的积极的指引作用，最基本的途径就是加强科技道德素养教育，即要通过深入的教育使广大的科技工作者，尤其要使大学生等潜在的科技工作者不断提高科技道德素养。换句话说，科技道德素养教育是引导科技工作者，尤其是大学生等潜在的科技工作者在树立正确的科技道德观、开展健康积极的科技活动、从事认真谨慎的研究工作等方面的主要途径，也是发挥科技道德在科技发展过程中指引作用的主要手段。进一步说，科学发展观的贯彻和落实必然要加强和改进大学生等群体的科技道德素养教育，加强和改进大学生群体的科技道德素养教育也必将推进科学发展观的贯彻和落实。在科学发展观的时代背景下，要充分认识到大学生科技道德素养教育的必要性和紧迫性，并对其进行不断的改革和创新。概言之，加强大学生科技道德素养教育是科学发展观这一时代背景的本质要求和应

① 本部分内容主要参考了本人发表在《北方工业大学学报》2009 年第 4 期《论大学生科技道德素质教育》一文。

有之意。

二、大学生科技道德素养教育的内容

如何使当前的大学生科技道德素养教育既适应科学发展观之时代背景在科技道德素养理论创新上的新要求，又使其保持原有教育内容的连贯性和基本观点，即如何将教育理论分解为具体的、可操作的教育内容，这是当前大学生科技道德素养教育所面临的紧迫课题。我们认为，科技与伦理之间的关系、科技与人文之间的融合、科技工作者的职业道德规范以及科技政策法规的普及等问题既是新形势下科技界、教育界乃至大众文化所关注的焦点之一，也是高校之中大学生等群体所无法回避的社会发展的现实，并且它们与科学发展观的诸要义是紧密相联的，应当成为科学发展观时代背景下大学生科技道德素养教育的内容。

(一)把科技与伦理之间的关系作为教育的基础内容

科技与伦理之间的关系是科技哲学、科技伦理学、科技道德(素养)教育①等学科的理论根基，它包括丰富的教育学、哲学和社会学的知识。通过科技与伦理之间关系的教育有助于培养大学生良好的科技道德素养，以及树立正确的科技观和社会观。科学发展观作为一种广义的伦理价值观，其全面协调可持续的基本要求是科技事业健康、积极发展的根本保证，也是正确处理科技与伦理之间关系的重要标准。科学发展观理论的提出为“科技与伦理之间的关系”这一科技道德(素养)教育学的理论根基赋予了新的时

---

①　从广义上说，科技道德素养教育与科技道德教育是同一的概念，二者在教育的根本目标上是一致的，即都是通过教育使大学生树立正确的科技道德观。从狭义上说，科技道德素养教育是科技道德教育的一种形式，它在教育者和大学生之间不只是科技道德知识的传达，而是教育者通过教育使大学生形成科技道德的素养，这其中的素养从根本上说是一种理智的道德思维和判断能力，它是大学生出于内心的道德上的理智反省能力，并表现为外在的道德行为。

代内涵。科技与伦理之间存在着相互影响、相互作用的辩证关系。具体地说，一方面科技发展对人类道德观念的更替起着重要作用，即科学技术的发展推动了道德观念的革新。许多科学发明科学发现都大大地更新了不合时宜的道德观念，并为新的道德观念的确立开辟道路。特别是科学精神、科学意识、科学方法深入到社会生活之中，对道德观念沿着人类文明方向前进起到至关重要的作用。尽管在科技发展的过程中会产生一些负面效应，但这并不是科技发展本身所带来的必然结果，而是由于人们不正当的、缺乏引导的行为和活动所造成的，也是由于人们对科技发展的客观规律的掌握还不够全面，认识还不够完整所造成的。这些负面效应的最终解决，有赖于科技发展更合乎一定的伦理关系，更合乎科学发展观的要求。另一方面一定的伦理关系也制约着科技的发展。合理的伦理关系对于科技发展起积极的促进作用，而落后的伦理关系对于科技发展起消极的阻碍作用。颇有争论的克隆技术从研制、开发到应用，一直得到一部分人的支持和另外一部分人的反对，从中可以明显地看出科技与伦理之间相互影响和相互制约的关系。

（二）把科学与人文之间的融合作为教育内容的导向

科学与人文的融合是现代教育的必然趋势，它在科技道德素养教育中体现为科学精神与人文精神的融合，此二者都是在漫长的社会实践中形成的，在本质上是相通的。在科学精神中包含着人文精神的要素，在人文精神中也包含着科学精神的成份。一方面，以追求真理为根本任务的理性探究精神是科学精神的主旨，而求真务实的境界也是人文精神所要力求的目标。另一方面，作为人文精神重要内容的自我与社会、自我与他人、自我与自身、自我与自然之间的和谐与统一，也是科学精神的精髓所在。正如杜维明教授所指出的，宽广的科学精神与人文精神之统一大致包括个体、群体、自然等层面的健康互动，即在个体与群体之间、个体与他人之间、个体与自然之间取得和谐的氛围。在科学发展观的时代背景下,科学发展观的理论核心——以人为本,要求把促进经济社会发展与促进人的全面发展统一起来,就是要把科学技术的大发展与促进人的全面发展统一起来,也就是要推进科学精神与人文精神之间的融合。高等教育要使大学生群体真正领会以人为本的精神实质,不能是空洞的灌输,而要通过丰富、生动的教育内容吸引、打动他们,使以人为本的观念深入其内心。所以,当前广大的教育工作者要开阔视野,扩展思路,将蕴涵在现代化进程中大量有关科技发展的事件和案例创造性地转化为现实的人文教育素材,而不是将二者割裂开来,即当前的大学生科技道德素养教育要以科学发展观为指导,将人文与科学之间融合的要求纳入教育内容,适应科学发展观背景下时代发展的必然要求。

(三)把科技工作者的职业道德规范作为教育的核心内容

大学生科技道德素养教育面对的是潜在的科技工作者,针对这个群体的教育要以科技工作者的职业道德规范作为教育的核心内容。1984 年,一批科学家联名制定出著名的“乌普斯拉规范”。该规范提出了科学工作者应遵守的道德规范:(1)不能让科学研究的过程及其成果的应用破坏生态环境。(2)不能让科学研究的后果给我们的后代带来危害。(3)科学家应估计到其研究所带来的后果并承担相应的责任。(4)当科学研究及其应用与现时的伦理关系、道德规范发生冲突时,应中断研究并声明原因。该规范对于我国高校制定科技道德规范,进而开展有效的大学生科技道德素养教育有借鉴意义。当前,我国大学生的科技道德素养教育所要面对的科技道德规范大致包括:(1)爱岗敬业。科学研究是一项艰苦且复杂的活动,它一方面要求科技工作者具备从事科学研究的顽强毅力和十足勇气,另一方面更需要有为科学事业而献身的精神。(2)求真务实。科学研究是探索客观世界发展规律的过程,这要求科技工作者必须尊重事实,同时要勇于承认错误并及时纠正。(3)勇于创新。创新是民族振兴的灵魂和国家强盛的不竭动力,在科学发展观的时代背景下，科技事业的大发展更需要培养创新精神和创新能力，这就要求通过教育使大学生不能墨守陈规，不能拘泥传统，而要积极探索，锐意创新。(4)淡泊名利。只有伟大的人格才能取得伟大的成就，这就要使大学生把个人修养与科研实践统一起来，而不为一时的利益所动。(5)集体合作。集体合作是科学研究的必要环节，个人只有在团结互助的合作环境中才能实现个人的发展和事业的进步。

(四)把科技政策法律法规为作为教育的补充内容

加快制定并完善各级各类科技政策法律法规，以法规、政策和规章制度等形式来促进广大科技工作者以及潜在的科技工作者(大学生等群体)进行科技道德的自我约束，也是科技道德素养教育的一种重要形式。从宏观上来讲，各地区、各部门在制定相应的科技政策法律法规时，不能仅仅考虑本地区、本部门一时的经济利益的需要，而且要注意各项事业的发展与科技发展相协调，即促进本地区和本部门的协调发展，惩罚和制裁违反科技政策法律法规的行为，提倡和鼓励坚守道德的科技活动和科研行为。在这方面国外做得相对规范，英、法、意等欧洲国家都有专门的法律法规，对高校的科技人员(包括大学生)从培养、管理、任用再到就业都有着相关的明文规定。一些国家对不端的科研行为除了加以道德约束之外，对严重违反科技道德的行为还要用法律来约束。1999 年 11 月，我国科技部联合相关部门一起颁发了《关于科技工作者行为准则的若干意见》，提出科技工作者在科技活动中所要遵守的规范。2007 年 1 月，科协通过《科技工作者科学道德规范(试行)》。该《规范》对于科技工作者的职业道德和学术规范作出详细的说明，还对惩罚学术不端行为的办法做了规定。可以说，这两条政策是我国科技道德政策法律法规、规章制度等方面的典范，也成为我国当前科技道德政策法规教育的重要的补充内容。作为现代化建设接班人的大学生群体当然有必要接受这方面的教育。把科技政策法规教育作为科技道德教育的必要补充对于推进大学生科技道德教育改革，深入贯彻落实科学发展观具有重要的指导意义。①

三、大学生科技道德素养教育的途径

当前，科技道德教育突破了传统意义上的科技工作者的职业道德教育的模式，拓展为以面向科技工作者为主，包括大学生等群体的全方位教育。大学生群体的扩大要求对传统的教育途径进行创新，改变以往单纯的宣传引导性的教育模式，更广泛地应用诸如开设专门课程、辅助课程、通识课程，开展学术活动、科技活动等办法，促使大学生树立正确的科技道德观。

（一）以课程教学开展大学生科技道德素养教育

其一，以思想政治理论课开展大学生科技道德素养教育。当前，高校的思想政治理论课仍是对大学生进行系统的思想政治理论教育、道德教育的主渠道，因而科技道德素养教育的内容应纳入其中的教学安排。例如，医学、建筑、信息、工程、师范等一些专业类院校以及特殊专业的大学生要在其专业基础课程——职业道德之中加大科技道德素养的教育力度。为取得良好的教育效果，思想政治理论课教师，特别是思想道德修养与法律基础课的教师必须掌握一定的自然科学技术的基础知识，这样才有助于其深刻认识科学技术的社会功能及其对社会道德观念所产生的影响，进而更有效地开展教育活动，教育学生。同时，作为教育者的大学教师在教研活动、科技活动中要率先垂范、以身作则，做科技道德的榜

---

① 从广义上说，高校的科技道德素养教育应当包含针对大学教师、研究人员等科技工作者的职业技能和道德素养的教育，这里所提及的科技政策法规教育其对象既包括大学生群体，也包括教师、研究人员等群体。篇幅和主题所限，对于高教教师等群体的教育不展开论述。此外，科技政策法规的教育也不能只是做成知识的宣教，而要使广大大学生真正理解政策法规背后的伦理关系和道德规范的依据，这样才有助于其科技道德素养的形成。

样，只有教育者展现出良好的科技道德素养，学生才能真正地认可教育，加强教育的实效。理工科高校以及理工科专业还可以通过自然辩证法等课程的教育提高大学生的科技道德素质，使这些课程成为培养其科学精神和人文精神的主阵地。此外有条件的学校可以为大学生开设科技哲学、科技伦理学等选修课程，这些课程都是对大学生进行系统科技道德教育的好形式。

其二，以科技史课程开展大学生科技道德素养教育。科技史教育既是科学技术知识教育的基本内容，也是科技道德素养教育不可或缺的内容。正如有的学者所指出的，科技史是关于科学技术发展过程的经验总结及其发展规律的理性概括，它有着重要的道德教育的功能，即有助于培养学生形成献身科学、团结协作、尊重学术等优良的道德素养。这样，在科技史课程的讲授过程中就要充分重视科学家优秀品质的道德示范作用。但凡在科技史上知名的科学家都是表现出优良道德素养的人，也正是高校进行科技道德素养教育的宝贵资源。例如，伽利略以追求真理的勇气，坚决不向恶势力低头；爱因斯坦对原子武器生产所进行的深刻反省；居里夫人献身科学、淡泊名利等感人事迹都是鞭策和鼓舞大学生投身科学、报效祖国的动力。在具体操作的层面上，科技史的教育可以不单独开设，即可以将其广泛地渗透在专业课程之中。笔者的一项相关调查显示，73%的大学生希望教师能在专业课（甚至在思想政治理论课）授课的过程中讲授本专业的优秀学者们是怎样通过自身的努力达到专业前沿的。这其中无疑包含着大量的科技道德素养教育的素材。可见，渗透在专业课之中的科技史教育为大学生科技道德教育的开展提供了广阔的空间。

其三，以通识课程开展大学生科技道德素养教育。通识教育是一种综合性质的教育，它在使学生的知识融会贯通的同时，培养其对于自我、对于他人、对于社会、对于自然等各种关系的良好判断和选择能力。开设通识教育对科技道德素养教育这样一门跨科学技术领域与人文知识领域的学科也具有重大的实践意义。在通识教育的课程中介绍科学技术发展的最新状况，如信息科学中的网络技术、生命科学中的基因技术、克隆技术等方面的知识，既可以丰富大学生的知识视野，达到通识教育本身的目的，也能为高校开展科技伦理学、科技道德素养教育奠定认识和理解的基础。所以，为实现专业人才培养所开设的大多数通识课程，都可以从课程的实际出发有针对性地进行人文和科学相融合的教育，即通过通识课程培养学生求真、务实的科学精神以及人道、人本的人文精神。这种将科技道德素养教育渗透到具体的通识教育课程中的教育是一种无形的教育，对于大学生来说是终身受益的。

（二）以实践活动开展大学生科技道德素养教育

其一，以科研实践开展大学生科技道德素养教育。课程教育是大学生科技道德素养教育的主渠道，但高校在科技道德素养教育中还要充分发挥科研实践这一途径难以替代的功能和实效。首先，学生在高水平教师的指导下参与科研实践，可以得到最直接的教育。在这个过程中教师要充分发挥自身言传身教的道德示范作用。其次，通过科研实践还可以使大学生体会到科研工作是一项探索性的创新活动，也要使他们认识到只有不畏艰辛的人才能达到科研的顶峰。再次，通过科研实践使大学生们看到我国与科技事业发达的国家之间的差距，进而激发他们的责任感和使命感。最后，在科技实践活动中要让大学生体会到贯彻和落实科学发展观的必要，认识到科学发展观是我国经济社会发展的重要指导方针，是现代化建设必须坚持的重大战略思想。

其二，以职业教育开展大学生科技道德素养教育。针对科技工作者尤其是大学生群体等潜在的科技工作者的科技道德素养教育要做到科研道德与职业教育相结合。首先，加强大学生的思想政治理论学习，当前尤其要加强科学发展观的学习和研究，这是新时期大学生科技道德素养教育的关键环节。第二，把科研道德教育作为大学生科研基本功训练的必修科目以及就业之前的必要指导。其内容主要包括使他们认识到养成科技道德素养的意义,掌握基本的科技道德规范,了解我国有关科技道德的政策、法规和规章制度等。第三,要经常宣传、表彰、奖励科研道德突出的大学生、研究生,通报批评在日常学习、学术活动和科技活动中不道德的行为,为营造良好的校园学习和研究氛围而做努力。

参考文献

[1]马克思恩格斯全集(第 2 卷),人民出版社 1993 年版。

[2]马克思恩格斯全集(第 21 卷),人民出版社 1995 年版。

[3]马克思恩格斯全集(第 27 卷),人民出版社 1972 年版。

[4]马克思恩格斯全集(第 42 卷),人民出版社 1979 年版。

[5]列宁选集(第 4 卷),人民出版社 1972 年版。

[6]列宁全集(第 25 卷),人民出版社 1990 年版。

[7]斯大林文选,人民出版社 1978 年版。

[8]毛泽东选集(第 2 卷),人民出版社 1991 年版。

[9]毛泽东选集(第 3 卷),人民出版社 1991 年版。

[10]毛译东选集(第 4 卷),人民出版社 1991 年版。

[11]邓小平文选(第 3 卷),人民出版社 1993 年版。

[12]江泽民:《论科学技术》,中央文献出版社 2001 年版。

[13]胡锦涛:《论构建社会主义和谐社会》,中央文献出版社 2013 年版。

[14]习近平:《习近平谈治国理政》,外文出版社 2014 年版。

[15]中共中央文献研究室:《习近平总书记重要讲话文章选编》,中央文献出版社　党建读物出版社 2016 年版。

[16][德]黑格尔著,范扬,张企泰译:《法哲学原理》,商务印书馆 1961 年版。

[17][德]黑格尔著，贺麟译：《小逻辑》，商务印书馆 1980 年版。

[18][英]密尔著，许宝骙译：《论自由》，商务印书馆 1986 年版。

[19][德]雅斯贝尔斯著，邹进译：《什么是教育》，生活·读书·新知三联书店 1991 年版。

[20][美]杜威著，赵祥麟等译：《学校与社会·明日与学校》，人民教育出版社 2005 年版。

[21][美]奎尔曼著，刘吉熙译：《颠覆——社会化媒体改变世界》，人民邮电出版社 2010 年版。

[22]国家教委思想政治工作司：《思想政治教育方法论》，高教出版社 1992 年版。

[23]陈秉公：《思想政治教育学》，吉林大学出版社 1992 年版。

[24]费孝通：《乡土中国生育制度》，北京大学出版社 1998 年版。

[25]李曼丽：《通识教育——一种大学教育观》，清华大学出版社 1999 年版。

[26]宋希仁：《道德观通论》，高等教育出版社 2000 年版。

[27]刘玉瑛：《思想政治工作语言艺术》，中央文献出版社 2001 年版。

[28]中共中央宣传部宣传教育局：《公民道德建设实施纲要学习读本》，学习出版社 2001 年版。

[29]宋希仁：《人生哲学导论》，山西教育出版社 2005 年版。

[30]李腊生等：《高校思想政治理论课教学实效性研究》，武汉大学出版社 2011 年版。

[31]喻国明等：《微博：一种新传播形态的考察》，人民日报出版社 2011 年版。

[32]吴潜涛等：《社会主义荣辱观研究》，中国人民大学出版社

2014 年版。

[33]本书编写组:《思想道德修养与法律基础》,高等教育出版2015 年修订版。

[34]毛昌鉴等:《试论学位与研究生教育评估指标体系》,《学位与研究生教育》1997 年第 3 期。

[35]马建青:《我国大学生心理健康 10 年研究得失探析》,《中国心理卫生杂志》1998 年第 1 期。

[36]盘芝明,杨光:《研究生心理健康状况的影响因素与对策思考》,《学位与研究生教育》1998 年第 1 期。

[37]傅静:《浅谈 21 世纪科技工作者的伦理教育》,《科学学与科技管理》1998 年第 3 期。

[38]原娟娟,张增荣:《信息伦理教育:高校走了多远》,《电化教育研究》2003 年第 10 期。

[39]李志强:《论科技时代的科技道德教育》,《求实》2004 年第 2 期。

[40]王前,戴艳军:《思想道德修养与法律基础课应重视科技道德教育》,《思想教育研究》2007 年第 6 期。

[41]戴跃侬:《博客:大学生思想政治教育的新载体》,《中国高等教育》2007 年第 10 期。

[42]胡余波:《基于博客的高校思想政治教育范式探索》,《当代青年研究》2008 年第 8 期。

[43]刘芝苹:《我国高校信息伦理教育研究》,北方工业大学硕士学位论文 2009 年。

[44]李志强,陈丽明:《谈博客在思想道德修养与法律基础课教学中的应用》,《北京教育》(德育版)2010 年第 10 期。

[45]杨立淮,徐百成:《"微时代"下大学生思想政治教育的应对》,《中国青年研究》2011 年第 3 期。

[46]高军:《提高思想政治理论课实践教学实效性的对策探

讨》,《思想理论教育导刊》2011 年第 10 期。

[47]陈其胜:《高校思想政治理论课实践教学:立论基础、现实困境、路径选择》,《思想教育研究》2012 年第 2 期。

[48]姜廷志:《思想政治理论课实践教学的功效及特性分析》,《学校党建与思想教育》2012 年第 3 期。

[49]李志强:《论公民利他精神培育的几个途径》,《北方工业大学学报》2014 年第 4 期。

[50]吴潜涛:《培育和践行社会主义核心价值观重要意义的几点思考》,《思想教育研究》2015 年第 2 期。